一带一路背景下的媒体发展策略研究

秦 娜 著

吉林摄影出版社

·长春·

图书在版编目（CIP）数据

一带一路背景下的媒体发展策略研究 / 秦娜著. --
长春 : 吉林摄影出版社, 2021.11
ISBN 978-7-5498-5116-4

Ⅰ．①一… Ⅱ．①秦… Ⅲ．①"一带一路"－文化传
播－研究－中国 Ⅳ．①G12

中国版本图书馆CIP数据核字(2021)第234386号

一带一路背景下的媒体发展策略研究
YIDAI YILU BEIJING XIA DE MEITI FAZHAN CELÜE YANJIU

著　　者	秦　娜	
责任编辑	王维夏	
封面设计	晟　熙	
开　　本	787 毫米 ×1092 毫米　　1/16	
字　　数	200 千字	
印　　张	8.75	
版　　次	2022 年 1 月第 1 版	
印　　次	2022 年 1 月第 1 次印刷	

出　　版　吉林摄影出版社
发　　行　吉林摄影出版社
地　　址　长春市净月高新技术开发区福祉大路5788号
　　　　　邮编：130118
网　　址　www.jlsycbs.net
电　　话　总编办：0431-81629821
　　　　　发行科：0431-81629829
印　　刷　北京宝莲鸿图科技有限公司

书　　号　ISBN 978-7-5498-5116-4　　　　定　价：56.00 元

前　言

　　"一带一路"构想的实施对媒体自身提出了诸多的要求。首先对于人员而言，不仅需要媒体从业人员有丰富的历史文化知识，而且由于"一带一路"涉及多个国家多种语言，提高对媒体人员的语言以及沟通等能力都提出了更高的要求，所以媒体内部应该组织相关的培训和学习，不断丰富从业人员的知识和水平，同时也要加强他们的职业道德建设，增强社会责任感，使其本着对社会负责的态度开展媒体工作；其次，我国新媒体发展迅速，相对于传统媒体而言具有互动性强、不受时间和空间限制的优势，能够广泛吸引受众。

　　媒体应该让沿线各国充分认识中国在区域性经济稳定中的作用和重要性，而"一带一路"的实施与建设的目的是求发展、共繁荣，让各国民众充分意识到"一带一路"带来的发展机遇。同时，"一带一路"构想的提出是基于一定的历史地理背景的，我们一定要正确认识中国文化与各国文化的关系，在考虑政治、经济因素的同时，更要侧重考虑文化因素，传播中国文化，展示中国文化的深厚底蕴与魅力，通过文化认同来增进中国与沿线各国之间的互相信任、理解与包容。

　　"一带一路"的诠释和宣传需要加强新媒体建设，因此，全国主流传统媒体应该建立新媒体平台，并使其不断完善，这样既可以解决电视台和电台的单向传播的弊端，又可以使受众通过网站、微博、微信等新媒体平台，加强和发布者的沟通与交流，这对"一带一路"倡议的宣传有重要作用；最后应加强媒体型智库建设。作为智慧高地，媒体型智库的优势在于能够结合实际需求，利用媒体的特殊优势将产学研各方面的需求结合起来，形成合力，为"一带一路"的实施提供更加丰富的成果和决策借鉴。

　　如今"一带一路"进入了务实合作全面推进阶段。我国的媒体尤其是沿线主流媒体应该承担起责任，为"一带一路"的实施和推进营造良好的舆论氛围，同时对内提高自身的业务水平，对外加强国际的交流与合作，在国际把握话语权，提升我国对外传播的能力。

目　录

第一章 新媒体的起源与发展

第一节 新媒体的演变与发展历程

从社会发展的历史长河来看，人类传播史就是人类在生产和交往过程中不断创造和使用新传播媒介的历史，是社会信息系统不断走向发达和完善的历史。根据媒介产生和发展的历史脉络，迄今为止的人类传播活动可以分为以下四个发展阶段：①口语传播阶段，②纸质传播阶段，③电子传播阶段，④数字传播阶段。不过，这个历史进程并不是媒介一次取代的过程，而是一个依次叠加的过程。

一、新媒体产生的动因

新媒体只用了不到十年的时间，受众群就已覆盖传统三大媒体历经百年时间所吸引的受众，发展速度可见一斑。新媒体上市公司数量是传统媒体的两到三倍。同其他新生事物一样，新媒体传播的实践也走到了理论建设的前面。作为新技术革命的产物，新媒体几乎是和信息产业一起发展壮大起来的。尤其是在互联网浪潮、数字化浪潮席卷全球之后，新媒体几乎是呈几何级增长。新媒体的产生和发展有其一定的社会历史必然性。从根本上来说，它是媒介市场发育和发展的结果，是技术推动和市场需求良性互动的结果。

（一）信息技术的迅速发展为新媒体提供了必要的技术保障

美国传播学家丹尼斯·麦圭尔认为："真正的'传播革命'所要求的，不只是信息传播方式的改变或者受众注意力在不同媒介间分布上的变迁，其最直接的驱动力，是技术。"回顾人类传播史不难发现，信息技术的发展起着决定性的推动作用。信息技术的每一次革命都给人类的政治、经济、文化和社会生活带来巨大的影响，人类的文明正是在信息技术的推动下不断前进的。信息技术的发展为人类的信息传播提供了更有效的工具和手段，新媒体在弥补传统媒体某些方面不足的同时"为人类打开了通向感知和新型活动领域的大门"，而人与技术的关系也是交互性的，"人在正常使用技术即人体各种延伸的情况下，不断受到技术的修正。反过来，人又不断地寻找新的方法来修改自己的技术"。以此增强获取、传递、使用信息的能力。数字技术、计算机网络技术、移动通信技术三大技术系统融合在一起，构成新媒体发展的技术平台，并为新媒体兼容各种新信息技术提供了基础。

1. 数字技术

"数字技术指的是运用0和1两位数字编码，通过电子计算机、光缆、通信卫星等设备，来表达、传输和处理所有信息的技术。数字技术一般包括数字编码、数字压缩、数字传输、数字调制与解调等技术。"数字技术是信息社会的基础，也是新媒体的核心技术，现阶段的新媒体无不以数字技术为基础，因此，新媒体也被称为数字新媒体。

首先，数字技术为媒体之间的转化提供了桥梁。数字技术中信息的表现形式是多种多样的，新媒体一个共同的重要特点就是，信息的最小单元为比特（bit）。比特可以用来表现文字、图像、动画、影视、语音及音乐等信息，使不同媒体之间可以相互融合。文本数据、声音、图像、动画等的融合被称为多媒体。同时多种媒体之间也可以相互转换，信息便于储存。

其次，数字技术使信息的交换成为可能。以往的储存方式往往是单一的模式，比如报纸的载体是纸张，而电视的载体是电视机等。而新媒体却是以比特的形式通过计算机进行存储、处理和传播的。在传统媒体时代，受众无法实现与信息传播者的实时互动，处于被动接受信息的地位，但依托数字技术的新媒体如微博、微信，受众可以实时与传播者互动，发表个人看法，同时，也承担着双重角色，每个人既是信息的传播者也是接受者，无一例外，数字技术改变了受传者的地位。

最后，数字技术是软件技术、智能技术的基础。目前，新媒体是以软件为基础进行应用的，而电子邮件、即时通信、博客、微博、微信等所有的网络新媒体形态更是以软件为存在的基础。没有各类软件的开发，新媒体基本不可能出现。

而各类软件的开发是在数字技术的基础上完成的。

2.计算机网络技术

计算机网络技术为多媒体信息传播提供了渠道。"计算机网络技术是通信技术与计算机技术相结合的产物。计算机网络是按照网络协议，通过电缆、双绞线、光纤、微波、载波或通信卫星，将地球上分散的、独立的计算机相互连接的集合。计算机网络具有共享硬件、软件和数据资源的功能，具有对共享数据资源集中处理及管理和维护的能力。"人们可以在办公室、家里或其他任何地方访问、查询网上的任何资源，极大地提高了工作效率。也可以上传信息，为信息交互传播提供物质基础。互联网就是全球最大的、开放的，由众多网络相互连接而成的计算机网络。

随着各种基于互联网的软件和信息服务的推出，互联网已成为各类新媒体存在的平台，例如，电子邮件、博客、微博等，都是互联网推出的新的信息服务方式。

3.移动通信技术

所谓移动通信就是移动体之间的通信，或移动体与固定体之间的通信。移动通信技术不仅使人可通过手机与别人通话，还可通过手机看新闻、玩游戏等。保罗·莱文森在《手机》一文中对手机做了深刻的哲学解读——手机使人首次回到"前技术"时代那种交流的本真状态：人能够边走路边用手机说话，终于彻底摆脱了其他电子媒介把人囚禁在室内的枷锁。手机把互联网作为自己的内容，成为超越互联网的新媒体。美国麻省理工学院教授尼葛洛庞帝早在十多年前就指出："计算机不再只和计算机有关，它决定了我们的生存。"毫无疑问，正是科学技术的日新月异，为新媒体的出现提供了物质基础。

（二）受众多元化、个性化的信息需求是新媒体产生的社会基础

纵观人类传播史，大众传播主要经历了四个时代：第一个是依据人类自身本能的口语传播时代，第二个是纸质传播时代（媒介载体为报纸、书籍、杂志等形式），第三个是电子传播时代（媒介载体为广播、电影、电话、电视等形式），第四个是数字传播时代（媒介载体为高清晰电视、电脑、手机、互联网络等）。从技术层面上来说，这四个时代的划分是科学技术发展的四次飞跃。而从受众需求的层面上

讲,四个时代反映了人们的生存态势对媒介与信息需求的不同程度。根据传播学的传播致效原则,人们对信息的传播是选择性地理解和记忆,不同年龄、性格、阶层、地域、文化的人对信息的需求也是不同的,新媒体的互动性满足了受众互动性及个性化需求,受众的广泛兴趣也促进了新媒体的发展。

传统媒体由于版面、时段、频道的限制,不可能满足所有受众的需要,但是利用新媒体海量性、非线性的特性,受众可以根据自身的兴趣或独到的创意通过数据库编排出属于自己的信息,从而使单一的、个人化的传媒内容消费成为可能。新媒体的出现,使根据个体或某个同质的局部群体的个性化需求(定制产品和服务)的时代已经到来,且正逐步取代整个社会只消费一种型号产品的大众化消费时代。"在后信息时代,大众传播的受众往往只是单独一人,所有商品都可以订购,信息变得极端个人化。"受众的社会需求正是新媒体产生与发展的原动力。

(三)政策法规的支持

开放的市场环境也是新媒体快速发展的重要原因之一。自古以来,历代统治者都将话语权紧紧控制在自己的手中。随着社会的进步,言论愈发自由,媒体作为信息发布的载体,越来越成为人类生活中不可或缺的重要内容,同时,传媒业也成为市场经济的重要组成部分,一系列的政策法律放松甚至鼓励媒体的发展也是新媒体能迅速成长的助力之一。

二、新媒体的发展历程

新媒体的发展历程可以简单地以三个阶段来形容,即浏览信息为主的 Web1.0 时代、交互分享的 Web2.0 时代,以及聚合平台的 Web3.0 时代。

第一阶段:浏览信息为主的 Web1.0 时代。

这一时期,用户主要通过浏览网站提供的内容,从中获取有用的信息,用户主要是被动地接受信息。数字电视的播送方对内容有绝对的主导权,仅仅是将信息重新组合,利用新媒体的形式提供给消费者。在 Web1.0 时代,信息传播呈现出金字塔形结构,塔尖是信息散播方,下面则是接受信息的广大用户,其主要特点是利用互联网进行信息的大规模发布,信息的交流以单向为主,用户仍是被动地阅读、接受互联网信息；Web1.0 以新浪、搜狐、雅虎等门户网站为代表。

第二阶段：交互式分享的 Web2.0 时代。

这一时期，新媒体的交互性开始逐渐显现出来。交互电视开始出现，互联网行业诞生了谷歌和百度这样的公司，主动搜索和寻找成为互联网行为的核心动作。用户可以主动搜索需要的信息，并根据自己的需求选择内容，传播者与受众的交互、分享初步形成。典型代表有各种社区论坛（BBS）、博客等。

Web2.0 时代，基于六度分隔理论，强调的是信息的交互性，互联网用户既是信息的浏览者，也是信息的制造者，不再被动阅读、接受信息，通过用户与用户之间、用户与网站之间的双向交流，实现了社会化网络的构建，博客是 Web2.0 时代的典型互联网应用。

第三阶段：聚合平台的 Web3.0 时代。

Web3.0 时代的互联网应用不仅体现出"自媒体"特点，更体现出一种信息自由整合、业务极度聚合的"自系统"特点。作为 Web3.0 的典型应用，微博、微信几乎可以将与其基本协议一致的所有互联网应用聚合到自身的开放平台上，使得它成为一种新的强大的媒体形式。从微博、微信的发展现状和发展趋势上来看，它将快步超越 Web1.0 和 Web2.0 时代的应用，并迅速吞噬和整合这些应用。在Web3.0 时代，技术进步、业务聚合成为主流，这种进步和聚合带来的结果将是微博、微信应用横扫一切，成为新时代的最大赢家。

特别是手机媒体的出现，移动互联网平台的发展步伐势不可当，与传统互联网一起成为人们相互交流的重要平台。移动互联网平台以手机为终端，融合了以前报纸、广播、电视与传统互联网的功能，并提供新的社交平台。要详细了解新媒体的发展历程，还必须对网络媒体、移动媒体和社交媒体的发展演变做深入细致的研究。

（一）网络媒体发展历程

1.网络媒体的萌芽阶段

网络媒体的发展主要是依赖于互联网技术的萌芽和发展。1987 年 9 月 14 日，钱天白教授向世界发出了中国第一封电子邮件，邮件的内容是"越过长城，走向世界"，揭开了中国人使用互联网的序幕。1994 年 4 月 20 日，中国与国际互联网相连的网络信道开通，首次加入国际互联网络的大家庭，中国踏入互联网的阶段。1995 年后，互联网开始大众化，主要得益于"中国互联网的布道人物"——张树新。1995 年 5 月，她创立了第一家互联网服务提供公司（瀛明威公司），与国际化互联网接轨。瀛明威公司第一次向国人系统灌输国家互联网的理念，中国第一代网民由此诞生。

随着互联网的发展，门户网站的出现推动互联网成为独立的网络媒体。1995 年 4 月，三位华裔学生在美国硅谷创立了华渊资讯公司，并推出"华渊生活资讯网"，面向海外华人提供以生活资讯为主的中文信息服务。1996 年 4 月，由王志东（曾任新浪总裁兼首席执行官）和严援朝（曾任新浪副总裁）在北京中关村共同创办的四通利方信息技术有限公司开通了"利方在线"（SRSNet）中文网站，相继提供论坛、新闻等信息服务，人气高涨。1997 年 6 月，丁磊创办了网易公司，成为当时国内领先的互联网技术公司。1998 年 12 月，四通利方与华渊资讯合并，成立了新浪网。1998 年 2 月，张朝阳创办搜狐，成为当时国内第一家中文搜索引擎，短时间内积聚大量人气。新浪、网易、搜狐这三大门户网站在互联网的萌芽阶段相继诞生，并日趋活跃，成为门户网站的领头羊。

总之，在 1994—1998 年的萌芽阶段，互联网在信息传播领域的影响不断增强，中国的网络媒体逐渐成形。以新浪为代表的商业网站新媒体开始探寻适合自身的定位，而以报刊为代表的传统媒体踏上与网络合作的征程。在这一阶段，网络媒体和传统媒体是两条平行的直线，互不干扰，交叉发展较少。同时，不可忽略的现象是互联网进入百姓生活，网民群体出现。但因技术阻碍，当时网民需求简单，只是想单纯获得信息。

2. 网络媒体成长阶段

（1）商业网站大发展。在这一阶段，国内门户网站获得飞速发展，新浪、搜狐和网易这三大网站逐渐发展成为国内门户网站的中坚力量。网易首先全面改版，朝着中文网络门户目标前进。1999 年 3 月，搜狐从中国首家大型分类查询搜索引擎，发展成为综合性门户网站。1999 年 4 月，新浪网改版完成，核心主打新闻，向传统媒体提出挑战。

如果说 1988 年是门户网站的元年，那么 2000 年则是门户网站的上市年。2000 年 4 月 13 日，新浪网首次宣布在纳斯达克正式挂牌交易，成为第一只登上纳斯达克的真正来自中国内地的网络股。随后，三大门户网站相继上市，这成为中国商业网站发展史上的里程碑。然而必须承认的是，中国门户网站的发展处于模仿阶段，主要借鉴美国雅虎（Yahoo！）网站"风险投资＋网络广告"的发展模式，通过大量的广告宣传以及提供免费产品和服务即通过"烧钱"来追求流量、争夺眼球。

（2）传统媒体网络化发展。传统新闻媒体网络化的初始阶段可追溯到 20 世纪 90 年代。中国对传统媒体首个网络化涉水的媒体是一家地方性报纸《杭州日报》。1993 年 12 月，《杭州日报·下午版》通过该市的联合服务网络——展望咨询网络进行传输，从而拉开了中国报纸电子化的序幕。由于中国尚未与国际互联网接轨，影响范围小。新闻媒体网络化风气是由教育部（当时的国家教委）主办的《神州学人》杂志开启的。1995 年 1 月 12 日，该杂志通过互联网发行了《神州学人周刊》电子版，成为传统媒体网络化的"吃螃蟹"者。1995 年 12 月，《中国日报》网站开通，成为国内全国性报纸办网站的先行者。另外，中国传统的广电媒体也积极进行尝试和探索。1996 年 10 月，广东人民广播电台建立网站，1996 年 12 月，中央电视台建立网站，开中国广电电视媒体向网络传播领域发展之先河。虽然发展程度低，质量不高，基本上是传统媒体的复制，但标志着中国传统媒体进军网络化传播领域。

经过萌芽期的发展，全国已有一部分报纸办起了自己的网络版。经过一段时间的发展，中国传统媒体掀起全面网络化浪潮。依据自我发展特点，探索自我发展规律。主要有以下两种模式。

一是"改革面貌单打独斗"，新闻网站更换网站名称。1999 年，传统媒体的网站出现了更名浪潮，各类网站不再称"某某网络版"或"电子版"，而是冠以"某某网"或"某某在线"的名称，如《中国计算机》网站更名为"赛迪网"，《广州日报》网站改名为"广州日报大洋网"，《深圳商报》网站更名为"深圳新闻网"。2000 年 4 月，《人民日报》网络版改版并改名为"人民网"。实际上，新媒体网站的自我更名意味着定位的变化，即从最初的传统媒体电子版向独立的新闻网站或以新闻为主的综合性网站的转型。这种重新定位在一定程度上表明了传统媒体向网络新媒体发展的决心，同时也反映了新传播环境对传统媒体提出的新挑战，传统媒体要抛弃之前的旧思想，借鉴和探索适合自身的发展模式和经营思路。

二是"相互抱团，团队作战"，走向联合发展道路。第一个践行者是四川新闻网。1999年1月，四川新闻网成立，是四川省五大媒体之一，它集全省106家报纸、期刊、广播、电视等媒体于一身。2000年，由天津日报社、今晚报社、天津人民广播电台、天津电视台等多家新闻单位共同组建的北方网在天津开通，成为以新闻为主的大型综合性门户网站，反映了传统媒体对网络新闻业务的重视以及对网络媒体的重视。在地方媒体转向以新闻为主的网络媒体过程中，千龙模式和东方模式是成功的两种发展模式。千龙模式是指由千龙新闻网建立的网站联合模式。2000年5月8日，千龙网正式开通成立，它是由北京市委宣传部牵头，北京市属新闻媒体如《北京日报》《北京晚报》、北京人民广播电台、北京电视台等九家单位参与成立的地方性新闻网站，网站的运行资金由一家民营企业提供，因此千龙模式的最大特点就在于其兼具政府背景和现代企业制度。在新闻业务方面，千龙新闻网把九家强势媒体的新闻资源进行整合发布，新闻信息极大丰富，表现手段多样。上海东方网紧随千龙新闻网，在2000年5月28日正式开通。它是由上海14家主流媒体，包括《解放日报》《文汇报》、东方电视台、上海电台等，集中资源优势共同投资组建的大型综合性网站，东方网与这14家新闻媒体达成了信息资源共享的协议：14家新闻单位将在清样付印、即时新闻传播发布之前，第一时间向东方网传送信息，经编辑后在东方网上及时刊发。在运营上，东方网采取商业化的运作模式，与没有政府与传统媒体背景的商业网站相比，具有得天独厚的政策优势和发展空间。

3.遭遇挫折：网络媒体规范转轨

从2000年下半年至2002年上半年，受国际互联网经济泡沫的影响，中国国内网络媒体飞速发展态势遭遇冰点。部分网络媒体因经济困境倒闭，幸免于难的网络媒体在艰难的路途中探索生存和发展的模式。但总的来说，网络媒体在困难的打击下仍平稳运行，网络媒体进入调整时期，不断提升核心竞争力。

（1）商业网站遭遇冬天。2000年，国内几大门户网站刚上市，就不幸遭遇全球互联网经济的泡沫和纳斯达克市场惊心动魄的动荡，对整个互联网产业的影响无疑是灾难性的。中国的商业网站是个初生儿，也连带接受了经济动荡的洗礼。搜狐的股票在 2001 年 4 月曾跌至 60 美分，新浪的股票在 2001 年 10 月曾达到 1.06 美元的低值，网易在 2001 年 9 月曾一度被摘牌。国内许多商业网站也没有熬过这个坎，相继倒闭。火爆一时的 263 首都在线、FM365 等商业网站开始另谋他途，仅新浪、搜狐、网易依托自我强大的资金支持在抵抗网络泡沫的考验，国内商业网站由此进入一个调整与重新探索的时期。

在巨大的生存压力下，汹涌发展的国内网站开始审视自我的发展模式和经营方式，放慢发展的速度，改变单一的网络广告发展模式，探索新的盈利途径。比如开始尝试收费邮箱、电子商务、手机短信等收费服务，进行以盈利为目标的艰难转型。截至 2002 年第二季度，新浪网等商业网站逐渐寻找到了适合自己的发展模式。2002 年 4 月，新浪开始同时面向个人用户、企业用户服务，并发展出新浪网（sina.com）、新浪企业服务（sina.net）、新浪热线（SINAOnline）三个独立事业体，搜狐的业务从传统的网络门户扩展到面向个人和企业的收费服务，网易则向提供个人收费服务的方向转型。

（2）媒体网站调适改版。在这一阶段，媒体网站开始进行以自我调适为目标的改版，以寻求新的发展空间，人民网、新华网、央视国际等重点新闻网站相继调整定位，升级改版。2001 年 1 月，人民网推出新版，改版后的人民网包括时政、国际、观点、经济、科教等 13 个新闻频道。2001 年，央视国际也进行了重新定位与调整，利用中央电视台这一特色平台，央视国际加大了服务与整合力度，开创了一批围绕央视的特色栏目，获得了飞速发展。除此之外，地方媒体网站的出现与整合仍然是这一阶段的主题之一，红网、东北网、中国西部网、南方网等相继开通，扩大了主流媒体网站的阵容。而电子政务的迅猛发展也成为这一时期的显著特征，推进了政府职能的转变。

4. 全面发展：网络媒体百花齐放

（1）新闻网站成为网络新闻影响力的主导者。2005 年以后，中国网络媒体日趋成熟，进入全面发展的新阶段。新华网、人民网等几大中央重点新闻网站自 2001 年以来访问量以平均每月 12% 的速度上升，多家重点网站还进入全球网站百强的行列，每天有数千万人次的访问量。此外，因具有其他商业网站所不具备的采访权和发布权，这些中央重点新闻网站还成为新浪、搜狐、网易等网站新闻的主要来源。尤其是在重大事件的报道上，重点新闻网站仍然占据着主导地位，权威性较高，公信力也较强。他们经授权对重大事件进行报道，并通过商业网站过亿的点击率进行二次传播，从而引导着网络舆论的发展。除中央重点新闻网站外，地方网站也有着不俗的表现。截至 2005 年，千龙网、东方网、红网等网站过去三年的访问量平均增长了 9 倍，并形成了各具特色的品牌栏目。总之，经过十多年的发展，新闻网站的影响力和公信力日益壮大，以新华网和人民网为代表的中央重点新闻网站已经成为中国网络新闻影响力的重要主导者。

（2）商业网站积聚大量人气。如果说重点新闻网站是网络公信力的主导者，那么商业网站便是网络点击率的引领者。由于商业网站市场化因素的加大，广告商成为商业网站的"衣食父母"，吸引广告商的主要指标是商业网站的点击率和地位。因此商业网站致力于满足受众的需求，吸引受众的注意力。提高网站的浏览量和影响力是商业网站的主要目标。2005 年以后，商业网站的类型多样，如雨后春笋破土而出，商业网站受众定位明确，服务更加专业。例如 51job 类的垂直网站，以其服务的专业化和深度性吸引具有定向需求的受众，以百度为代表的搜索引擎网站以其搜索信息的方便性和实用性留住大量受众，以天涯论坛为代表的具有互动性和话题性的网站聚合一部分有着相同兴趣爱好的受众群。同时三大综合性门户网站在自媒体时代开启微博、博客等服务，增加互动性，吸收其他网站的优势，加深自我的发展。

（3）网站代表性栏目（频道）出现。2005 年起，由国务院新闻办公室互联网研究中心和互联网新闻信息服务工作委员会共同发起的"中国互联网品牌栏目（频道）推荐活动"，是加强网络媒体品牌建设的重要举动，中国网络媒体中一些知名的品牌栏目和频道逐渐形成。在入选的品牌栏目和频道中，涵盖了中央重点新闻网、地方新闻网和商业网站等各种类型的网站，涉及新闻、评论、财经、体育、娱乐、社区、新媒体等多种类别的栏目（频道），人气颇高。如国际在线的"网络电台"、中华网的"汽车"频道、千龙网"奥运"频道、红网的"红辣椒评论"等四个栏目（频道）连续三年都榜上有名，人民网的"强国论坛"、新华网的"新闻中心"、光明网的"理论"频道、四川新闻网的"麻辣社区"也两度出现在推荐的名单里。网络媒体证明着自我实力，积聚了大量人气，网民数量大幅度增加，网站的权威性和公信力得到一定的确认和提升。

（二）移动媒体的发展历程

移动媒体是所有具有移动便携特性的新兴媒体的总称，包括手机媒体、平板电脑、掌上电脑、PSP、移动视听设备（如 MP3、MP4、MP5）等。但不可否认的是，随着信息技术、数字技术等的发展，媒介的形式将得到极大丰富。由于手机媒体发展程度高，普及率高，具有较大的代表性。本书主要对手机媒体做简要的概述。

1. 手机的问世

（1）第一代通信网络的形成。手机也称移动电话，是现在人们日常生活中必不可少的存在，它是在无线通信技术和通信网络的基础上诞生的。20 世纪 60 年代，随着晶体管的问世，出现了一种专用的无线通话设备，被运用于消防、警察等行业，但这种设备仅能在少数特殊行业中使用，并且便携性差，不利于在大众商业市场推广。

20 世纪 70 年代，手机通信网络逐渐形成。其中，模拟蜂窝网络是第一个出现的通信网络，这种网络的规划灵感来自于蜂窝的奇妙设计：构建一个蜂窝结构的网络，在相邻的区域使用不同的频率，在相距较远的小区就采用相同的频率，这样就可以巧妙地避免冲突，又可以节约频率资源，解决了公用移动通信系统要求容量大于频率资源的矛盾。模拟蜂窝网络为手机的出现奠定了技术基础。

1979 年，美国贝尔实验室成功研制了移动电话系统——AMPS，并开始在芝加哥运行，这是世界上第一个蜂窝模拟移动通信系统。同年，日本开放了世界上第一个蜂窝移动电话网。

进入 20 世纪 80 年代后，模拟蜂窝移动通信技术走向成熟并在全世界广泛应用。20 世纪 90 年代初，模拟蜂窝网络移动通信网占全世界移动通信网络的大多数，并使移动电话业务得到快速普及。1991 年，欧洲模拟蜂窝移动电话用户已经达到500 万人。模拟蜂窝移动通信的发明和应用，拉开了手机发展的序幕，也将人类通信带入了崭新的移动时代，因而被称为第一代通信网络。

（2）手机的诞生。手机的主要功能是通信，方便远距离的人际传播。1973年4月3日，一名男子站在纽约街头，拿出一个约有两块砖头大的无线电话开始通话。这个人是手机的发明者——美国摩托罗拉公司的马丁·库帕，他的第一个移动电话是打给他在贝尔实验室工作的一位对手，告知对方自己率先发明了手机，世界上第一个手机自此诞生。它的重量超过了1000克，长度、宽度和厚度分别为10英寸（1英寸=2.54厘米）、1.5英寸和3英寸，由于它是在蜂窝移动网络的基础上运行的，因此在当时又被称作蜂窝式移动电话。

早期的手机只具备语音通话功能，直到20世纪90年代末，欧洲老牌移动运营商Vodafone又开发了SMS短消息业务。随后，短信业务在全球范围内飞速发展并形成规模庞大的产业。短信也作为移动增值业务的先驱，带动了彩信、彩铃、手机游戏、手机广播、手机电视等后续增值业务的发展。随着手机的普及应用和手机业务的日益丰富，手机已经不仅仅是单纯的个人通信工具，而是演变成了一种新兴的大众媒体，并跻身当今媒体的领跑者之列。

2. 手机的发展——由通信工具向大众媒体的转化。手机媒体是以手机为视听终端、手机上网为平台的个性化信息传播载体，它是以分众为传播目标，以定向为传播效果，以互动为传播应用的大众传播媒介，被公认为继报刊、广播、电视、互联网之后的"第五媒体"。手机媒体不仅是借助手机进行信息传播的工具，而且是网络媒体的延伸。人们可以通过手机通话，还可以上网阅读新闻、接收邮件、游戏娱乐、订购商品与服务等。可以说，手机已经成为迷你型电脑。手机媒体除了具有网络传播的各种优势外，还因其载体携带方便，从而能随时随地使用。

（三）社交媒体的发展历程

社交媒体（Social Media）指互联网上基于用户关系的内容生产与交换平台，"Social Media"中文翻译为"社会化媒体"。"由于社会化媒体没有精确、权威的概念，对于'Social Media'的中文释义也不同，国内学者有'社交媒体''社会化媒体''社会性媒体''社交网络媒体''大众媒体'等不同的叫法，部分研究中将社会化媒体与Web2.0、新媒体、社交网络等概念混淆。"其中以社交媒体适用范围最为广泛。社交媒体是大众互相分享、互动、交流意见和看法的平台和工具，现阶段主要包括微博、微信、博客、论坛、播客、社交网站、E-mail、即时工具、团购等。本书以微博、微信作为社交媒体的典型范例展开论述。

1. 微博

新浪借鉴美国 Facebook、Twitter 等社交媒体的成功经验和模式，于 2009 年 8 月 14 日开始内测微博，9 月 25 日正式添加 @、私信、评论、转发等功能，只需编辑少于 140 字短消息即可广泛传播，为大众互动交流提供平台。2009 年 11 月 3 日，Sina App Engine Alpha 版上线，可通过 API 用第三方软件或插件发布信息，正式拉开中国微博市场的帷幕，引领中国社交媒体的演变。2014 年 4 月 17 日新浪微博正式上市，成为世界上第一个上市的中文社交媒体。2015 年 1 月 20 日，微博开放 140 字的发布限制，少于 2000 字都可以，1 月 28 日对微博会员开放试用权限，2 月 28 日将正式对微博全量用户开放。

随着微博功能的不断完善和微博营销的推广和优化，微博用户在微博平台上的行为不断丰富，转发、评论、点赞、收藏等行为极大地丰富用户的互动体验。长微博的完善、打赏功能的开发以及视频微博的推广，也进一步使微博用户之间的交互更加多元化，微博的影响力和活跃度得到极大提升，据 2015 年新浪微博发布的第三季度财报中显示，截至 2015 年 9 月 30 日，微博月活跃用户数（MAU）已经达到 2.12 亿人，较上年同期增长 48%，日活跃用户达到 1 亿人，较去年同期增长 30%，微博用户群逐渐稳定并保持持续增长。

迅猛发展的微博已成为人们日常生活不可分割的重要组成部分。微博凭借其传播速度快、及时性强、开放性高等特性，成为重要的新闻发布地，为"公民新闻"提供必要的平台和工具。同时，极强的互动性为企业营销提供巨大便利。企业利用微博发布最新消息，与消费者沟通互动，培养消费者忠诚度，传达精准信息，增强营销效果。微博营销影响显著，已成为社交媒体营销的重要组成部分。明星、社会精英、企业翘楚等公众人物入驻微博，积聚大量人气，粉丝可直接与明星互动交流，拉近了普通民众与社会精英群体距离。

2. 微信

2011 年 1 月 21 日，腾讯公司推出为智能终端提供即时通讯服务的免费应用程序——微信（WeChat）。它是一款集文字、音频、视频、图片、表情、转账、定位等多种媒介为一体的手机即时通信工具。一经推出，成功俘获大量受众的喜爱。截至 2015 年 4 月底，微信月活跃用户量达到 6.5 亿，同比再涨 39%。自从 2014 年年底突破 5 亿人以来，微信正在以每个季度新增 5000 万用户的节奏稳步增长，发展势头迅猛。

随着智能手机和无线网络应用范围的扩大，微信极大程度地改变着人们的生活方式。微信作为一种"多模态"媒介，传播信息的方式也更加便捷和迅速。"微信打造的是一个'全民社交圈'，其传播方式是点对点传播和点对面传播的有效结合，这无形中整合了具备地域特点的群体传播功能。它具有广泛的 LBS 涵盖面，不仅包含通讯录好友、QQ 好友，还包括附近陌生人，使得人际交往从个人所熟悉的强联系人群扩展到原本遥远陌生的弱联系人群。"微信加强了人与人之间的联系与沟通，降低了沟通成本和门槛，成就了微信朋友圈的繁荣。

微信不仅是即时通信工具，而且已成为企业营销的重要手段和平台。微信号与手机号直接绑定，每一个微信号背后都是真实有效的用户，用户黏性极高，用户数量丰富。企业通过注册微信平台公众号和朋友圈大量传播和转发信息，及时、有效、精准传递给目标消费者，借助微信支付功能进行线上销售，实现企业营销线上与线下相结合，同时，企业能直接利用微信完善的语音功能与消费者对话，使交流更加真实顺畅。从网络媒体、移动媒体、社交媒体的发展历程可以看出，新媒体的发展是一种不可抵挡的趋势和潮流，它将带领我们迈入真正的"地球村"，进入共享开放资源、信息自由流通的时代，同时向人类在信息传播时代全新的生存和发展生态提出了挑战。

第二节　新媒体的发展趋势

从全球的媒体发展来看，印刷媒体的黄金时代已经结束，以互联网、户外新媒体和数字电视等为代表的新媒体将迎来发展的最佳机遇。通过深入分析新媒体发展，我们将从媒介融合、平台开放化、产业变革三个方面论述新媒体的发展趋势。

一、媒介融合

传统媒体与互联网将会加速融合，报纸开设网络版，以及报纸杂志与网站合作开设线上发行平台，广播的网络化和电视的网络化都会得到进一步发展，传统互联网和移动互联网也将进一步融合，媒介应用更加便捷。

从业务的角度来讲，三网融合是指不同的网络平台倾向于承载实质相似的业务；从终端的角度来讲，是指消费者通信装置的趋同；从传输的角度来讲，是指三种网络的互联互通。狭义的三网融合是指电信网、广电网与计算机网技术、业务和网络的融合和趋同；广义的三网融合是指电信、广电与信息技术三者产业的融合。新媒体业务的运营一般存在以下三种模式：电信运营商单独运营、广电运营商单独运营和两者合作运营。在三网融合的趋势下，广电与电信唯有从竞争走向合作，才能实现由互斗走向共赢。为了更好发挥每一方的优势，广电和电信都需要以开放和合作的心态投入产业的发展过程中，投入政策的制定过程中，投入频谱的规划过程中，既不片面强调某一方的主导作用，也不片面强调短时间的利益分成，而是要着眼市场的快速启动和产业的长远发展，这样才能够将新媒体的发展推向新高度。

"媒介融合"这一概念最早由美国马萨诸塞州理工大学的浦尔教授提出，其本意是指各类媒介呈现出多功能一体化的趋势。但此后互联网逐渐与报刊、广播、电视等传统大众媒介融合，网络技术的推动又使媒介融合得以革新，形成了网络报纸、电子杂志、网络广播、播客、网络电视等新的信息传播渠道，并最终使得媒介融合成为构架媒介化社会的核心力量之一。在当今的媒介融合趋势之下，传统媒体在充分利用自身既有的信息平台和资源优势的前提下，介入、整合新兴网络媒体是其必然选择。

二、平台开放

我们很难在短时间内改变技术落后的现状，但可以在内容平台建设方面寻求一条中国特色的发展之路。不同的新媒体对内容的需求是不同的：数字电视需要丰富而专业化的节目，高清电视需要视听效果非凡的节目，手机电视需要短小精悍的节目，IPTV需要互动性强的节目，移动电视需要广而告之的节目等。针对不同媒体的不同特点，内容建设大有可为，新媒体除了可以提供音频节目外，还可以提供大量的信息服务，以此来更好地满足受众多层次、多方位、多样化、个性化、专业化的需求。新媒体的发展，也为广电固有的节目资源提供了新的传播平台，从这个意义上来说，传统媒体的主导地位不仅没有被削弱，而且还以数字化的形式得到了进一步的加强和提升。当数字化整体转换完成后，数字电视将会理所当然地继承原来模拟电视的地位，成为规模最大的新媒体。唯有大力推进广电节目内容的建设，才能够在数字化时代继续占领阵地、扼守主渠道。

三、产业变革

人类社会迈入信息化时代，越来越多的通信运营商、设备制造商、服务提供商等产业链各环节都开始摩拳擦掌，竞逐商业新媒体通信市场。特别是在三网融合、企业转型等新形势的推动下，主攻新媒体商业型市场已经成为业界的共识。新媒体移动化、高清化、多样化的发展趋势逐渐显现，给媒体产业带来颠覆性变革，代表着媒体产业的发展趋势和方向。新媒体市场的残酷争夺已不可避免。

（一）移动化

随着智能手机以及平板电脑的流行，移动办公需求进一步扩大，移动新媒体成为未来市场的发展趋势。人们走出家门后，一天中处于移动状态下的时间很多，24小时之内，除了睡觉，固定在一个地方的时间是非常少的。只有抓住用户消费趋势变化的特点，才可能给用户提供其需要的个性化产品。智能终端的快速普及使得人们对移动办公的需求日益增加，目前，智能手机和平板电脑已经成为人们日常生活中不可或缺的一部分。

（二）高清化

高清化对于新媒体通信市场的发展来说是大势所趋，几乎所有的主流视频通信提供商都将自己的产品研发向高清化方向进军。高清产生的愉快体验使用户一旦接触便欲罢不能，用户的高清需求也因此呈爆炸式的增长。首先，宽带用户的快速发展解决了高清信息流传输上的障碍，其次，高清需求推动了终端设备的快速发展，打破了高清信息流播放的瓶颈。最后，内容提供商也以用户需求为导向，高清影视内容不断推陈出新。综上所述，高清已是广大用户的现实性需求，而不断膨胀的高清需求也必将推动高清行业的快速发展。

（三）多样化

新媒体产业发展的多样化趋势，主要体现在方案多样化和应用多样化。多样化的解决方案和应用，能够为交通、能源、公安、军队、林业、医疗等领域提供优质服务。解决方案多样化体现在两个方面：一是基于硬件的解决方案，二是基于软件的方案。目前，约有90%的视频通信市场解决方案采用了基于硬件的视频通信解决方案，由于该方案成本较高，许多用户望而却步，而基于软件的视频通信解决方案有较大的发展空间。应用多样化体现在：视频会议是视频通信应用的一个方面，其他的主流应用还包括视频监控、视频调度、3G 视频电话等。

（四）互动性

新媒体产业发展的互动性趋势是针对用户群体的爱好采取的必然的技术策略。用户需求的个性化体现在很多方面。如看世界杯比赛，出现的用户行为是打开电视，把声音关掉，再打开微博解说，不仅自己看，还可以和网络上的网友进行互动交流，交换看法。社交化、互动化是新媒体产业未来发展的趋势。正因为有了互联网这一媒介，才有了这样的可能。

第三节　新媒体产生的影响

20 世纪 70 年代末美国学者约书亚·梅罗维茨曾结合社会学家埃尔温·戈夫曼的场景理论，用场景把媒介和社会行为结合在一起，并着力用传播情景解释传播行为与传播方式对社会的影响。他指出，媒体对人类个体和社会所产生的效果和影响都是通过媒体培育的传播情境间接引发的。梅罗维茨认为新的媒体的出现会促成情境形式的变化。一方面，新媒体的广泛运用促成一系列旧有情境界限的打破，致使一些旧有的不同情境合并，进而形成新的传播情境。另一方面，新媒体使不同情境之间的一些旧有的连接机会消失，导致新的分离。梅罗维茨所指的新媒体是电子媒介。今天，以数字媒体为代表的新媒体同样改变了原有的传播情境，并给社会各层次带来了深远的影响。

新媒体对社会的影响体现在社会的方方面面，在打破旧有情境限制的同时，从经济基础到上层建筑无不呈现出电子数字时代新媒体的影响力。然而，任何一种事物的出现对社会的影响都存在双重性，新媒体也不例外。

一、生活方式的改变

大众传媒与人们的生活息息相关，人们的生活内容是媒体关注的对象。诸如，生活中发生的各类突发事件、新鲜有趣的事件、奇闻逸事等，这些内容往往都是媒体关注的对象。尤其对新媒体来说，它在传播时效性和趣味性的驱动下，更注重生活层面的表达。新媒体在传播日常生活中的各类信息时，也在改变人们的生活习惯，加快社会调整的步伐。

（一）新媒体与教育

新媒体的出现促进了各种媒介资源之间的整合，并开始与教育融合。各种教育知识、教学理念等借助新媒体传播形式使人们的学习生活更加丰富，教育信息得到进一步的整合，教学的数字化、网络化优势特征得到进一步突出。但同时，我们必须清醒地认识到，新媒体发展给教育带来了机遇与挑战并存的局面。

新媒体得天独厚的技术优势加速了教育传播速度，提高了信息共享的程度。各种远程教育的实施打破了以往面对面授课的地域限制，使人们可以最大限度地共享教育资源。同时，通过电子邮件、各种社交工具与名人交流，满足不同人的求知欲。新媒体教育资源的普及，一方面是对教育能力的一种拓展，使人们自身的技能得到提升，使用网络技术的能力得到提高；另一方面，人们对网络的熟练使用使学习门槛及内容限制都大大降低，可以更好地依托新媒体技术或其他移动信息终端实现随时随地学习。新媒体语境下的教育，在打破了传统教育模式的同时，也改变了受众的学习方式。创造性学习被提上日程，学习者要用创新性思维与网络接轨，混合式教育日益受到欢迎，如计算机辅助学习、幻灯片放映展示、使用各种音频视频的学习方式可以获得良好的学习效果。在新媒体技术的影响下，教育资源呈现最优化的趋势。

但是我们不仅要认识到新媒体对教育发展的促进作用，还应注意数字化教育带给现代化教育的挑战。早在20世纪70年代，美国学者蒂奇诺等人在一系列实证的基础上，就提出了"知沟"假说："由于社会地位高者通常能比社会地位低者更容易、更快地获取信息，因此，大众媒介传送的信息越多，这两者之间的知识鸿沟就愈呈现出扩大之势。"当然，"信息沟"以及后期的"数字鸿沟"在向我们阐释媒体传播资源丰富的同时，由于传播技能、知识存储量、社交范围、信息选择等差异所带来的信息不对等、信息资源占有不均衡问题，进一步拉大了人们之间信息流的不对称性。当今，新媒体发展环境下，一些偏远的地区由于生产落后、教育资源贫瘠、新媒体技术滞后等，与现代新媒体教育资源严重脱节，而一些发达地区则最大限度地利用新媒体资源弥补教育的不足。如此将拉大贫瘠地区受教育者与现代化教育间的差距，进一步影响他们的后期教育乃至整个生活。此外，我们还要看到，网络语言的滥用或不规范词语的使用。

（二）新媒体与伦理

网络模拟着现实的一切，构建了大量的虚拟组织与虚拟群体。各种被现实约束的欲望与信息出现在新媒体终端上，大量的不良信息对社会的整体道德伦理有着极大影响。

1.网络匿名性与信息失真

新媒体具有所有Web2.0网络的一个通病，即用户的匿名性、草根化与发布信息的"零成本"所带来的虚假信息与垃圾信息。这对于新媒体的传播价值、社会道德与发展是不利的。

伴随着新媒体发展，大量的网络垃圾不断产生，垃圾邮件、虚假信息、失实信息、诈骗信息等成为新媒体用户的困扰。统计显示，中国网民每年接收的电子邮件约500亿封，其中垃圾邮件300亿封，占60%。垃圾邮件不仅损害了用户的利益，造成了一定的经济损失，还严重影响了社会风化与伦理道德。马克思认为，人是社会关系的总和，在现实社会里这种关系的建立不仅需要很长的时间，还要受到各种各样社会条件的制约与影响。但是一旦建立起来，就具有相当的稳定性和延续性。而网络交流的匿名性与网络"社会"的虚拟性，让人戴着各种面具生活。比起现实生活，人们更容易在网上建立起各种"速成"关系。而急于组建这种速成关系的群体，往往是在现实生活中难以找到归属感、安全感的群体。一些人在现实社会中存在"被孤立恐惧症"，于是将希望寄托于网络。

2. 网络知识产权

"1人原创，99人抄袭"，成为时下流行的微信公共平台的趋势。"互联网+"的推出，使网络知识产权成为热门话题。4月20日，由国家知识产权局、中央宣传部与多部门联合主办的2015年全国知识产权宣传周活动启动，引发社会的广泛讨论。如今，新媒体的发展使其与社会伦理息息相关，各种便捷的传播方式与网络提供的信息导致网络知识产权问题频发。互联网环境下，网站转载各种文章、杂志等内容，并没有经过作者授权，而公然把原有信息放在网站上"招摇撞骗"，以此来赚取受众点击率，进而增强网站的影响力与知名度。

随着近年来博客、微博的发展，网络知识产权的侵权"与时俱进"，很多博主的文章、图片在未经授权且未支付任何费用的情况下而被转载使用的现象比比皆是。网络一时成为免费午餐，任何饥渴或者挨饿的人都可以在这里酒足饭饱，无须支付餐费而大腹便便。针对这种现象，网络知识产权的相关法律法规应当得到逐步完善，还需要用"红旗原则""避风港原则"等对网络知识产权进行一定程度的限制。在法律尚未触及的死角，需要的是道德的作用，新媒体语境下，我们要重视道德底线问题，建立一个科技与道德伦理并行不悖的现代化社会。

（三）新媒体与文化

文化传播是人类社会发展进程中的重要产物。新媒体传播是当代文化传播的主要形态，新媒体传播方式具有极强的交互性、渗透力与影响力，它通过各种影像深刻地影响着人们的生活方式、消费方式、行为方式和情感方式。以下内容主要论述了新媒体对消费文化与大众文化产生的影响。

1. 新媒体对消费文化的塑造及影响

人类已经进入消费社会，消费成了一个无处不在的事情，生产逻辑与消费意识形态已经渗透到大众生活的每一个角落，表现为个体、享乐、丰盛等元素。新媒体与消费文化合作与共盟，提供了前所未有的令人眼花缭乱的商品与服务世界，似乎大众只有通过对物和商品的征服才能获得拯救。新媒体技术在满足受众消费需求的同时反过来刺激消费领域。新媒体便捷的多媒体终端或移动终端使消费文化符号刺激现实世界。人们往往在物质生活得到进一步满足后开始追求精神享受，而新媒体塑造的虚拟世界恰好满足了这种精神虚荣，它使出浑身解数，竭力讨好和刺激大众的"虚假需求"和"炫耀性"消费。

事实上，人类大多需求是不断被新媒体所刺激和诱导所致的。消费文化改变了过去人对物的使用关系。人们越来越看重商品的象征意义和价值，而不是它的实际使用价值，消费者日益通过广告和购买来获得自我认同。与此同时，网络虚拟消费风靡一时，新媒体通过无处不在的广告极尽所能地去诱导购物网中的消费冲动，诱导人们进行最大限度的投资。越来越多的人选择网络购物，如淘宝网、京东网、卓越网等。人们可以拿起智能手机或平板电脑，随时查看流行服装、食品和高档奢侈品等。可见，当代人们视消费为灵丹妙药，对消费的美好信仰成了人们生活中的重要组成部分。但是，正如鲍德里亚所言："消费社会的主要代价就是它所引起的普遍的不安感。"比如，消费社会带给消费者的诸多焦虑，如通货膨胀、信用卡透支、购买的商品贬值、惊人的消费、消费的虚拟性等。对于媒体广告，鲍德里亚也有自己独到的见解："广告耗费巨资实现了这一奇迹，其唯一的目的不是增加而是去除商品的实用价值，去除它的时间价值，使它屈从于时尚价值并加速更新。"我们生活在被消费恶魔控制、摆布的世界里，从一种商品到另一种商品，从一种广告到另一种广告，我们变得麻木和迟钝，不再有理想、诗意、梦幻的感觉。可以说，消费文化是一种符号文化，一种复制文化，也是一种赝品文化。

2. 新媒体对大众文化的内容与形式的建构作用

新媒体层出不穷，促使大众文化从广度、宽度和深度上都得到延伸。新媒体扩展了人类生命存在的时空形态，为大众开拓了一块深具诱惑力的虚拟世界及拟像文化，创造出大众获得信息、娱乐和交往的新形式，催生了更多元化、多样化的大众文化形态，促成了新媒体文化的生成、互动、交流、整合与增值。

（1）新媒体促使大众文化的消解性和颠覆性增长。大众文化的形成，是对传统精英主导的垄断和主宰力量的抗衡，并且它永远不会成为主宰力量的一部分。大众文化文本是在封闭与开放、同质性与异质性、压迫与反抗、自上而下与自下而上之间的冲突中进行斗争的文本。大众的战术所瞄准的目标就是一切事物现存的秩序，是对现存一切秩序、法则、等级、霸权或话语的抵抗。因此，在此意义上获得的大众快感也可以说是被压迫者的快感，它包含着对抗、颠覆、逃避、冒犯、粗俗等因素。此外，在后现代文化背景下的新媒体，具有消解意义、解构权威、去中心化、平等性等突出特征。

②新媒体使大众文化文本向生产式和创造式发展。在新媒体语境中，文化传播不再是单向的线性传播。新媒体的角色从过去的"传播者"转向了"对话发起者"。大众既是传者也是受者，既是生产者也是消费者。正如"大众"的概念内涵包括平民性、群体性、社会性等，新媒体受众是主动的、积极的、充满创造力的。大众的参与与互动构成了新媒体文化，它是一种活生生的、积极创造的过程。此时的大众文化只能从内部发展出来，不能无中生有，或从上面强加。大众的快感也是在这种创造意义的过程中产生的，而且大众对新媒体的参与是直接的、明显的、持续性的，影响深远。比如，网络论坛、博客、微博和微信等，正是在广大受众与新媒体的交互和参与中，才使数字化的大众不再是过去的"乌合之众"，而是一个个有意义的、鲜活的价值创造主体。

③新媒体促使大众文化走向娱乐化。为实现娱乐传播的目的，更多地吸引大众"眼球"，新媒体传播内容五花八门，不断翻新，表现手段及方式也别出心裁、富有个性。受众沉浸在偶像崇拜与对视觉的迷狂中，构成了不同寻常的娱乐文化奇观。尼尔·波兹曼在《娱乐至死》中指出，大众社会的泛娱乐化使人们心甘情愿成为娱乐的附庸。新媒体文化的娱乐性主要表现为其承载的教育、批判、意识形态等功能日益弱化，大众更加远离神圣、伟大、严肃和深刻，而个人主义、自恋、娱乐等成为替代的关键词。简言之，在新媒体的众神狂欢中，过渡性、浅白性和娱乐性是大众文化的主要特征。大众文本是短暂的、碎片化的和偶然性的，可以迅速消费而且需要不断重复。

二、意识形态的渗透

"后视镜原则"被媒体学者大量使用。麦克卢汉曾说："我们透过后视镜看现在，我们倒退走步入未来。"他指出，印刷媒介有利于形成社会场景之间的隔离，从而促成知识的隔离和阶层的形成，电子媒介则倾向于打破隔离，融成社会场景从而模糊角色，消解权威。进入 21 世纪，新媒体的社会环境监测功能与社会协调意义对于国家政治、意识形态的影响也十分重大，因而需要强调对新媒体使用的重视，反过来使新媒体对政治发挥正面影响力。

综观国内事件，新媒体对政治的影响力正在不断增强。在国内，一方面，政府通过搭建公共信息平台来了解百姓对一些重大事件的看法意见；另一方面，也通过新媒体进行政府思想的宣传。2015 年 11 月，哈尔滨市香坊区利用新媒体细化社会管理，充分利用手机微信特点，通过建立使用"文明香坊""魅力香坊"等数个工作微信群和微信公众平台，建立健全长效机制，进一步推动创城工作制度化、规范化、常态化发展。

三、经济增长方式的转换

"科学技术是第一生产力"，这句话曾被无数次验证。在 21 世纪的今天，科技仍然对社会的发展具有重大的影响。新媒体依赖于现代科学技术的发展壮大，并把这种先进的科学技术转换为社会的经济效益，进一步促进社会经济的发展。新媒体对经济的影响力主要体现在对现代企业和新媒体产业的发展上。企业作为社会经济的基本组织细胞，从前期策划、产品营销到产品销售以及后期产品反馈等一系列过程，都与新媒体广告和宣传息息相关，新媒体传播极大地提高了企业的宣传力度和营销方式。新媒体作为一种传播介质与传播手段，给新媒体产业本身及相关信息产业带来了巨大的经济效益。对此，传播学者施拉姆明确提出了传播的经济功能，指出大众传播通过经济信息的收集、提供与解释，开创经济行为。他认为："采用机械的媒介，尤其是电子媒介所成就的一件事，就是在世界上参与建立了史无前例的宏大的知识产业。"这就是说，大众传播的经济功能并不仅限于为其他产业提供信息服务，它本身就是知识产业的重要组成部分，在整个社会经济中占重要地位。施拉姆的这个观点已被当代信息社会、知识经济和文化产业的发展所证实。比如，iPad 平板电脑在业界的热销，本身就是拉动了经济。此外，微博的互动营销也是新媒体对经济影响的重要方式。

"2015 青少年微梦·想实现行动"公益活动，为青少年群体特别是特殊困难青少年送去资助，通过微博活动为孩子们的梦想提供资金支持。这一方面促进了社会和谐，另一方面，也资助了青少年，实现社会资金的流转。

总而言之，新媒体传播对社会的影响超乎我们的想象，我们要积极地运用新媒体扩大中国国内、国际的传播能力与力度，有效地运用新媒体增强中国对外传播力及影响力。21 世纪是竞争的世纪，新媒体作为高新科技的代表，也是世界各国的核心竞争力之一。多元化的全球社会相互交融、相互影响，人们的传播方式、传播能力、传播途径、生活方式、经济状况、政治生活等都受到新媒体前所未有的影响。新媒体颠覆了人们过去的社会生活，并逐渐深入人们的意识形态中，影响人们的思考方式与行为方式。

第二章 新媒体与社会发展

作为社会生产力发展的结果，以互联网为代表的新媒体对社会传统的生产、生活方式以及社会关系产生了革命性的影响，它加快了人类生活的节奏，改变着人们的思维方式、交流方式、学习方式、娱乐方式以及消费方式，推动着社会向前发展。因此，我们研究新媒体，不仅要深入探究它在传播学和技术论上的价值，还要看到它在推动社会经济发展、影响社会文化以及加快社会民主政治进程等方面所发挥的作用。

第一节 新媒体与社会经济

一、新媒体对传统经济的推动

（一）为经济发展提供便捷的信息服务

信息就是财富，时间就是金钱。从宏观的层面看，一个社会生产计划的组织实施和运行，需要国家相关的产业政策、行业政策和经济政策的大力支持。社会生产经营者需要及时了解政府的宏观经济政策导向，及时地改变和校正自身的经营行为，使其更加适应市场需求，实现行为的长期化、合理化、有效化。新媒体的出现，为生产经营者及时获取相关信息提供了便利，同时也促使政府的公共服务和市场监督更加透明和高效。反过来，新媒体也为国家及时了解和掌控市场宏观经济运行情况提供科技手段，提高了决策的即时性和科学性，从而促进生产的不断发展。从微观的层面看，生产经营需要根据市场需求来进行科学的组织和运营，若想实现经营利润的最大化，就离不开对市场信息的掌握和决策，谁掌握了信息谁就占据了市场先机。新媒体可以及时提供市场的资源状况，为企业最经济的组织和配置资源提供信息，也可以为产品的销售提供更多的渠道和更广阔的市场。

（二）为产业结构的调整提供助推力

新媒体的出现，可有效提高资源的利用效率，缓解中国越来越大的资源环境压力，促进经济增长方式由粗放型向集约型的转型。新媒体可以加快全国统一市场的形成和与国际市场的接轨，冲破传统的部门间和地区间的分割和障碍，促进中国经济体制改革的不断深化。

新媒体提升了农、林、牧、渔产业的信息化水平。农业的根本出路是现代化，新型农业的现代化是农业的信息化，包括农、林、牧、渔业的防灾减灾、市场的需求、产品的深加工等。只有农业真正实现了信息化，才能实现农业生产组织的现代化、农业生产经营手段的现代化，才能最终实现农民生活的现代化。

我国拥有相对比较优势的轻工、纺织等劳动密集型产业和部分资本密集型产业，可以与信息技术有机结合，增强国际竞争力；在交通运输、电力、钢铁、有色金属、汽车和机械装备制造，以及金融、保险、贸易及大多数服务业，都存在新媒体推广和应用的广大空间。企业生产、经营和服务等方面势必会发生重大变革，跨地区、跨行业、跨国界的大型企业集团才能出现。这有助于提高中国企业的整体素质和国际竞争力，推动我国早日由制造大国变为创造大国。

二、新媒体催生新经济

每一次新媒体新技术的诞生，就意味着新的经济热点一定随之产生。这也使新媒体的硬件和软件设备等相关产品和服务价格下降，而相关的专业杂志、饰品和玩具等衍生产品开发及其他增值业务在内容丰富性上、在表现形式和服务方式上赢得了受众，刺激着消费的持续增长。

（一）新媒体，新经济

"新经济"在经济全球化的条件下，以一种新的形势将技术创新、资本市场、宏观政策结合起来。在网络信息等新技术推动下，创造出一种高速增长且低通货膨胀和低失业率的经济。这是以网络为龙头的信息技术为媒体经济带来的一场产业革命，其中报刊、广播、电视、电影等传统媒体和网络等新媒体在先进的技术基础上进行的产业内融合，同时与各种电子商务形成了全新的产业群落。这些新型产业、新型业态的影响力和辐射力正在不断增强，在国民经济特别是服务经济中的贡献度不断提高。

1. 新媒体带来新内容

新媒体出现带来了全新的内容，新媒体平台不但能提供声像图文并茂的新闻，而且还能提供电子商务、电子政务、电子公务、电子医务、电子教务等多种服务，正在成为新世纪信息产业和经济发展的火车头。新媒体中的户外电视传播平台如大学食堂显示屏、城市广场显示屏、医院和药房显示屏、车载显示屏、卖场和商业楼宇显示屏等又是新媒体行业中投资商们关注的重点。

三网融合、物联网与互联网的融合、传统媒体与新媒体融合、新媒体产业链之间的融合、新媒体技术与传统产业的融合、新营销模式与新媒体的融合，新媒体在不断创造或满足着新的市场需求，不断与生产企业嫁接与融合，不断与传统媒体嫁接与融合，不断嬗变出新的内容。新媒体将媒体业务与金融服务、商业贸易结合起来，如网络音乐、视频等内容下载分销，通过关键词链接到产品的订购与在线支付等。英特尔的"数字家庭"计划、"盛大盒子"，就是把各种不同的传播渠道、媒体内容，乃至家用电器的控制，融合在一个控制端口，产生了融合效用。

2. 新媒体催生新产业

新媒体技术的迅速发展，造成各类传输技术的全面融合，为媒体经济的现代发展提供了技术的可能性。在技术的层面上，通信、传媒、信息产业这三大传媒的"汇流"已经实现，并形成新型的产业组织和经济运作体系。新媒体使大众传播的状态和大众传媒的业态，发生了并且还将继续发生着深刻变化，进而促进了营销模式和赢利模式的深化和变革。

新媒体经济已经形成了以网络、视频、传播、动漫、广告、文化创意、通信、电子、娱乐、教育、出版等多个领域，涉及 IT、影视、传媒、教育、移动终端、电子、手机等多个行业的新兴产业，被称为 21 世纪知识经济的核心产业。这一产业在中国正在形成规模效应。其中，互联网和移动增值作为最重要的两个领域得到了快速发展。

"十二五"规划建议提出："培育发展战略性新兴产业；发展新一代信息技术；重视互联网等新兴媒体建设、运用、管理；创新文化生产和传播方式，解放和发展文化生产力，增强文化发展活力"。同时国家将推动文化产业作为国民经济支柱性产业的重点战略进行部署。新媒体会涉及出版发行、版权贸易、影视制作、动漫游戏、文化传媒、广告会展等文化产业各个环节，预示着"十二五"期间新媒体产业将蕴含着重大战略机遇。

3. 新媒体造就新商机

随着三网融合全面推进，创新型新媒体将迎来更好的发展空间与投资机会，具有发展潜力的创新型新媒体将受资本的追捧。三网融合将给新媒体带来一次巨大的产业变革，网络电视台、IPTV、手机电视、互联网电视正加快融合；数字新媒体、移动新媒体、户外新媒体、网络新媒体创新不断；传统媒体也开始加快了新媒体融合发展、打造全媒体的步伐与改制上市计划。这些都给制造业带来了无限商机，如3G（第3代移动通信技术）给网络设备制造商、网络通信营运商、手机制造商带来了巨大的商机；IPTV、"三网合一"，则给数字电视制造商、软件开发商、网络运营商创造了巨大的商机。

（二）新媒体与"双刃剑"

新媒体在推动社会经济发展的进程中，传统经济中的一些概念会在新的经济环境中衍生出新的意义，就像一把双刃剑，在促进新媒体和新媒体经济发展的同时，如果运用失当，则会产生消极的影响。网络口碑营销和网络知识产权保护在新的经济环境中，面临着自身身份的尴尬。

1. 网络口碑营销

口碑营销实际上早已有之，地方特产、老字号厂家商铺及企业的品牌战略等，其中都包含有口碑营销的因素。美国资深营销专家马克·休斯在《口碑营销》一书中写道，口碑是这世上最具效力的营销方法。对于进入互联网时代的现代社会来说，人与人的信息沟通交流更加方便快捷，因此人际间的口碑营销也日益显示出其强大的能量。

网络营销则是互联网兴起以后才有的一种网上商务活动，它逐步由门户广告营销、搜索广告营销发展到网络口碑营销。网络口碑营销（IWOM），是口碑营销与网络营销的有机结合，首先是一种营销过程，也是营销者对网络中的口碑信息传播进行管理的一个过程，因此营销者也是传播的主体；更进一步来说，营销者与由消费者组成的网民相比，其在网络口碑营销传播中，是整个传播过程的主体，要引导舆论的走向。

新媒体的作用远不止产品销售本身，它其实也是一个公共论坛，消费者在此交流他们最直接的想法，这些信息往往对企业品牌有巨大的影响，得当与否，会产生不同的效果。

2. 有关"知识"的二难选择

新媒体经济的本质，从某种程度上是一种注意力经济行为，技术发展所带来的传者和受者身份的异常平等使得处于垄断地位的主流文化越来越多地受到多元文化的冲击。

（1）知识产权保护。知识产权最主要的特征就是财产性，即明确某种东西"属于某人"。但在数字化时代，数据天然地进行复制重复并以超越国界的方式在互联网上进行流通，新媒体所特有的便于移动、复制、编辑的特性，使得所有者拥有的权力很容易变得模糊不清。"原创"和"复制"所带来的"从属关系"被消解，复制品从某种程度上和原创品具有一样平等的意义。

新媒体的发展在给传统影视产业传播提供了更便捷、更迅速途径的同时，也给侵权者提供了更简单、更为隐蔽的渠道。据最高人民法院的统计数据，从1999年至今网络知识产权纠纷案件增长了8倍，著作权案件近两年增幅更大。知识产权保护是新媒体发展的核心，新媒体经济若想健康发展就必须予以关注。新传媒联盟秘书长王斌曾经在新传媒产业联盟联办的"2009中外企业知识产权高层论坛"上提到，传统媒体如果是"草"，那么网络就是"羊"，羊吃草，传统媒体就是给羊提供草，后来搜索引擎出来之后就变成狼，连羊带草，一起吃。这比喻貌似是个笑话，但也反映出一个比较严重的现实：传统的知识产权遭受着新的考验。于是，根据新媒体的发展完善知识产权的保护范围，从法律的角度保护新媒体经济中的

"产品"的财产合法性以保护内容提供者的经济利益，成为新媒体经济发展进程中一个迫切的时代要求。2010年10月27日国务院办公厅发文（国办发〔2010〕50号），从2010年10月至2011年3月，在全国集中开展打击侵犯知识产权和制售假冒伪劣商品专项行动。专项行动以新闻出版业、文化娱乐业、高新技术产业、农业为重点整治领域。在新媒体领域，政府有关部门将加强网络知识产权保护，严厉打击互联网侵权盗版，重点打击影视剧作品侵权盗版行为。加强网络购物、电话购物和电视购物活动监管，重点打击利用互联网、通信网络和电视网络销售侵犯知识产权和假冒伪劣商品的欺诈行为。

（2）知识共享。网络的廉价、便宜、覆盖广、匿名和双向互动诸多特征正符合公共领域知识共享的要求。当互联网作为一个新媒体出现时，曾经让很多有理想的草根人士充满了乐观情绪。然而，知识共享有一个敌人，那就是知识产权。因此，在从政策上发文加强原创者利益的同时，我们还需要探讨知识产权适用性的问题。在2007年的第41期《亚洲周刊》第9页有两则并置的短新闻。右边的一则新闻《24首歌罚款22万》，讲的是一名美国女青年因在网络社区共享音乐（所谓"非法下载及上传"）而被起诉，最终被裁定侵犯唱片公司版权的罪名成立，共罚款22万美元。左边的一则新闻是《柏克莱大学开YouTube课堂，网上公开三百小时课程录影》，讲的是10月初美国加州大学伯克利校区（UCBerkeley）和YouTube合作，在网站上免费分享该校的课程，目前已有九门课，并会持续增加上传的课程内容。这两则并置的短新闻，彰显了知识产权与知识共享之间的尴尬情形：一边是保护知识产权的呼声，一边是知识共享的文化诉求；一边强烈要求自由贸易保护，一边则是知识民主实践的渴望，这种无论如何选择都让人左右为难的现状，成为新媒体时代显著的表征。

目前对"非法"共享的惩罚，非常严厉。应引起我们思考的是，知识产权的意识形态已经正在将"非法"共享文化资源建构成形同盗窃，一个极端的例子就是香港特区政府曾经试图将刑事检控的范畴扩展到BT下载。有人曾警示说，资本追逐利润的本性令知识产权的宣称贪得无厌，因为绝大多数的版权人并不是艺术家或者知识分子本人，而是一些大企业和大财团，比如大唱片公司、大电影公司、大出版商等，他们有能力不断加强网络控制。知识产权扩张的趋势是打击对象已经从非法牟利的盗版集团扩大到非牟利组织和个人。假如有一天,我们不再能免费在线听歌,不再能免费下载电影,甚至不能随意在自己的博客上贴图和播歌——也许互联网的黄金时代就过去了。

知识共享不单只是知识的免费午餐这么简单。事实上,它是试图在开辟和建设一个公共领域。公共领域的定义要求人在其中不单只是获取,更是要给予、要交流、要辩论,这样知识才能源源不断地流动并得到提升,社会才会进步。这是知识共享的假定。知识免费共享计划背后的信念,可以追溯到法国启蒙时代百科全书之父———狄德罗(DenisDiderot)。他认为,把知识放诸公众,能带来社会进步。这种信念由来已久、薪火相传,但应该说,直到新媒体时代的到来,人类才真正将这一信念投入大规模实践,互联网实在是到目前为止一个最好的全球性知识共享平台。

面对新的市场要求,内容提供者最好主动放弃知识产权来完成新的商业模式的建立,以获得更大的利益,埃瑟·戴森就是这样的倡导者。他在《2.0版——数字化时代的生活设计》一文中论述说"对内容供应商而言,最佳的防御似乎就是免费分配知识产权,这样才能把服务和关系销售出去"。戴森的这种对"知识产权"的放弃以谋求后续服务的利润行为已经在现实中得到了实践,比如对源代码的开放。将处于设计核心地位的源代码免费公开之后,那些工作者便只能通过获得精神上的权力,比如地位和名气或者工作的聘用来完成实际的利润收入。知识的共享,无形中实现着一种知识民主,它有利于降低公众获取知识的门槛(不论是经济的门槛还是社会身份的门槛甚至是时间的门槛等),保障作为公民权利的文化权的满足。

第二节 新媒体与社会文化

一、新媒体文化发生的必然

文化是人类的精神食粮和民族之魂。党的十七大报告中指出,要"提高国家的文化软实力，使人民基本节化权益得到更好的保障，使社会文化生活更加丰富多彩，使人民精神风貌更加昂扬向上。"在"推进文化创新，增强文化发展活力"方面，要"运用高新技术创新文化生产方式，培育新的文化业态，加快构建传输快捷、覆盖广泛的文化传播体系。"数字化时代推动了新媒体发展，新媒体带来的绝不仅仅是一场技术革命，它还意味着一代人生活习惯、文化消费状态乃至行为方式的改变，意味着我们以文化为中心的文化建设思路、国家文化发展战略必须有新的调整。

互联网已成为思想文化信息的集散地和社会舆论的放大器，我们要充分认识以互联网为代表的新兴媒体的社会影响力，高度重视互联网的建设、运用、管理，努力使互联网成为传播社会主义先进文化的前沿阵地、提供公共文化服务的有效平台、促进人们精神生活健康发展的广阔空间。"哈罗德·英尼斯在其著作《传播的偏向》中曾说过：或许我们可以假定，长期以来对媒体的使用在某种程度上决定了被传播的信息的特性，而且，这种广泛的影响最终会建构起一种文明。在这种文明之中，难以保持生活的原样及其灵活性。因此，一种新媒体的诸多优势最终会导致一种新文化的产生。

随着现代人在精神消费方面对大众传媒的依赖越来越大，新媒体文化内容开始也成为人们精神消费的主要供应源头。而曾经以印刷传播为代表的精英文化和以影音传播为代表的大众文化都已在新媒体文化所掀起的大潮中日落西山。在当今"媒介即信息"的"地球村"时代，无论是精英文化还是大众文化，都无法避免地要依赖于新媒体文化的传播，二者已在新媒体文化的强大气场下出现了形式上的统一，两种文化及其传播已没有绝对的分界，在新媒体文化中更多的是"你中有我、我中有你"的融合。加之全球化的后现代语境使得二者在内容和形式上联系更加密切，文化已卸下过去只有知识群体才能赏玩的贵族式光圈，而变得越来越大众、越来越平民。

另外，随着高等教育的进一步发展普及，高雅也正在为越来越多的人所理解、接受。这一切都充分显示了新媒体文化的强大糅合力和不可抗拒的发展趋势。同时，大众参与程度的不断扩大使社会文化的更新换代速度明显加快，这将对社会发展起到重要的推动作用。

二、新媒体文化的特点

新媒体文化的迅猛发展使其已成为社会文化生活的重要组成部分，大量用户自创内容的出现推动了文化的多元化发展趋势。在此基础之上，新媒体对社会文化的渗透机制逐渐演变为一种协作的创新体系，呈现出多样化的形态。

（一）文化样式的多样性

新媒体文化样式的多样性发源于其技术的多媒体化。这种"多媒体最重要的特征，乃是多媒体在其领域里以其各式各样的面貌，容纳了绝大多数的文化表现。它们的降临形同终结了视听媒介与印刷媒介，通俗文化与精英文化，娱乐与信息，教育与宣传之间的分隔甚至是区别。"从新媒体的媒介属性来看，新媒体的文化样式主要分为以下三种。

1. 网络文化样式

随着 Web2.0 技术的全面应用，以往仅以网页形式呈现的网络文化又涌现出了博客、播客、电子杂志等新形式，在网络信息技术基础上形成的这种富有精神性的文化形态，开始呈现出多样的文化态势，如博客文化、播客文化、维客文化。无论形式如何多样变化，从广义上说网络文化都是指"借助计算机网络所发生的政治、经济、军事、社会、学术、文学艺术、娱乐等广泛的社会文化活动"。而"从狭义上说，包括在计算机互联网上进行的教育、宣传、文学艺术，娱乐等侧重人文精神的文化活动"。

作为新媒体文化重要组成部分的网络文化，不仅是人、信息、文化三位一体的产物，也是人类社会发展的产物。与传统媒介一样，网络文化承载着传递知识、信息服务、宣传教育、娱乐消遣、舆论引导等功能，而商业功能较之以往更加突显，市场管理、产业价值的实现成了网络文化的附属标签之一。

2. 新媒体影视文化样式

新媒体技术也影响了文化内容，出现了新的制作方式，所以有了 3D 电影、高清电视、家庭录影制作室。此外也出现了一些新的文化产品，比如专门为手机、iPad 制作的视频。

尽管在影音质量、类型拓展、人才培养等方面，新媒体影视还存在着无法跟传统影视媲美的劣势，但新媒体影视必定将为更多有志于电影和影像的个体提供表达自己和成就自己的机会，也将为网络受众带来新的内容。如知名视频网站优酷推出的"11度青春系列电影"短片，颠覆了以往网络原创短片定义，充分发挥视频应用互动性、传播性、娱乐性等特点，推出影视综艺产品，更具观赏性、符合网络传播特色。

伴随着广电局"三网融合"工程的全面铺开和影视新媒体化的推进，新媒体影视文化成为新媒体文化的一员。相较传统影视文化，新媒体影视文化最大的不同就在于其直接互动性和受众自主选择性，决定了其是一种新兴的、分众的文化。

3. 手机文化样式

手机文化传播的渗透性强，在于手机作为全新业务的新媒体已经实现移动电话媒介身份的突破，正在以人的随身独立信息终端的存在演绎麦克卢汉的观点：媒介的发展史同时也是人的感官能力由"统合"—"分化"—"再统合"的历史。这一过程也是人体的信息功能日益向外拓展的过程。可以说，手机媒体的出现是已有的多种媒介形态相互融合、演进的结果。互联网可以看作手机媒体化过程中的资源基石和支撑。

正如黑白电视必将被彩电所淘汰一样，手机功能的更新是科技发展、社会发展的必然。为了重新建立起原来的社会距离，较上层的特殊群体不得不投资于新的（信息化的）商品。从纯粹的文本短信发送到下载图片、铃声、彩信、多媒体短信，从定制手机服务信息、手机报到通过 3G 手机点播电视节目、上网冲浪。手机一族通过这种"新的（信息化的）商品"，将自己从只会发文字信息的大众中脱离开来，引领着手机文化新的时尚潮流。

（二）文化功能的多重性

1. 平等性

多种新媒体文化样式的出现，极大丰富了人们的日常生活。网民不仅可以通过手机来观看电视节目或是读报，发送信息为自己喜欢的"超女"投票，还可以通过网络对某一事件发表个人观点，或是通过网络视频点播个人喜欢的文娱节目；

也可以在数字电视平台上，选择付费电视节目、参与游戏、点播歌舞等。在多重文化样式交互结合时，所谓的大众与精英、文教与娱乐都被置于一个平等的平台上。

2. 兼容性

新媒体文化功能的多重包容还表现在娱乐功能与教育引导、公益传播功能的兼容。网民们的恶搞视频或调侃式言论，票选"网络红人"或手机"拇指一族"中创造的搞笑信息传播等娱乐表现形式似乎将新媒体文化的娱乐功能充分挖掘了出来。同时，新媒体文化在传递信息、教育引导、公益传播、文化交流等方面也展示出自身的魅力。

3. 二重性

新媒体文化产品具有信息产品的属性，这种属性可以划分为商业性与非商业性。作为提供给受众和广告商的信息商品，新媒体文化产品毫无疑问具有商品性；但新媒体文化同时又具有公益性和宣传教育功能，这就决定了其具有非商业性，比如新闻网站、手机彩信、手机报、IPTV 等所传播的国家政策、思想讨论、政治立场、公益宣传、天气预报等都是无偿共享的。

（三）新流行文化的出现

1. 草根文化

"草根"（grassroots）一说，始于 19 世纪美国，当时美国正浸于淘金狂潮，山脉土壤表层草根生长茂盛的地方，下面就蕴藏着黄金。后来"草根"一说引入社会学领域，"草根"就被赋予了"基层民众"的内涵，是相对于御用文化、殿堂文化而言的，区别于阳春白雪的雅文化、上流文化，是具有民众精神的，代表民众意识的人群借用新媒体对个人意识的表达。

草根文化生于民间，长于民间，没有经过主流意识的疏导和规范，没有经过文化精英的加工改造，是属于一种在一定时期内由一些特殊的群体、在生活中形成的一种特殊的文化潮流现象，具有平民文化的特质，属于一种没有特定规律和标准可循的社会文化现象，是一种动态的、可变的文化现象。舆论研究学者喻国明说，"平台和载体的特性对文化本身的原生性有着重要的支撑或是限制作用。在传统媒介通道和容量有限的情况下，出现具有官方认同基因的一元化、专业化、单纯的精英文化是一种必然；而展现原生态魅力、内容丰富多样化、另类、边缘、强调个性化基因的草根文化则由于缺少平台，必然处于压抑、萎缩和不发展状态。"

（1）草根文化的兴起：新媒体提供了平台。新媒体为草根阶层提供着越来越优化的展示平台，从最初的 BBS 到今天的贴吧、博客、微博，从原始的 FLASH 动画到时下流行的原创视频，再加上 MSN、QQ 等即时通信工具功能的不断完善，以及 Baidu、Google 等搜索工具的出现，来自民间的、鲜活泼辣的、不登大雅之堂的、具有肆无忌惮风格和充满细腻反讽趣味的草根文化突破渠道的藩篱盛行开来。安迪·沃霍尔曾经预言，在将来每个人都能成为 5 分钟的名人。如今他的预言已经成为现实，草根英雄、大众、网络、媒体正在互相推波助澜，在娱乐的名义之下，正在生动地演绎着一场草根文化的大狂欢。

（2）草根文化的兴起：草根阶层的推动。草根文化之所以会兴起，受众的积极参与成就了草根文化兴起的主体基础。在中国，由于人数上的巨大优势，十多亿人口中的绝大多数都是草根平民，这对于草根文化的迅速崛起有着很大的推动作用，就是因为有了这样一片巨大的市场，这样的一种潮流才会越来越猛。

（3）草根文化的多元性：娱乐性与对抗性。"草根"已经从最初个别的文化现象开始逐渐积淀下来，形成稳固的力量，开创了新的文化格局。这种文化形态的产生很符合中国大多数民众的心理状态，"底层，弱势，平民"是它的特点，而随着时代的发展，"草根"们需要被更多的关注，这种强劲的平民之风，正在越刮越烈，大大补充了主流文化，从而使新文化的外延更加丰富。

草根文化以种种"无厘头"的方式颠覆了由体制文化和精英文化全盘主宰的审美惯性、传统的明星模式以及某些根深蒂固的思想观念；敏锐、辛辣地对精英文化和社会现实的热点现象中出现的弊端进行无情的嘲弄与亵渎、将其消解和狂欢化，具有极强的娱乐性。

（4）草根文化的多元性：民粹性和社会性。当互联网赋予草根阶层一个无比宽广的交流平台时，草根文化就面临着一个不容回避的问题：即如何在理性道德观的约束下自由行使话语权，适度担负起对社会的各种责任，防止出现文化民粹主义的倾向。因为草根文化往往视普通百姓为积极的快乐追求者，全盘信任他们判断的合理性,对普通大众在特定情况下通常会出现的某种非理性的、情绪性的共识也盲目顺从。即使百姓充满对邪异的个体与个性、性、丑闻、暴力、运动和娱乐等方面的兴趣,或者人性的低俗品质、负面特质与卑污内涵以一种生动的、有特性的语言和形式表现出来时,草根文化也会以民主的姿态来加以解释并使之合理化。

但当越来越多的"草根文化"以"英雄"的姿态出现在我们的视线里,当所有的粗俗、无聊以及恶搞被冠以"草根文化"的名头后"身价百倍"时,我们不得不面对这样一个事实:"草根文化"也并非优秀文化的代名词,这里面既有精华,也有糟粕,原生态的东西并非一定就是优秀的,有生命力的东西也并非一定值得大力提倡。草根文化在具体内涵方面,不但缺乏深层次审美活动的感情因素,也缺乏主体精神沉静的磨炼、过滤、提升和坚定的理性观念的支持。因此,虽然影响巨大,实际上却基本属于较为粗疏的快感型审美层次,缺乏真正沉实的精神文化内涵。不管草根文化将来会如何发展,我们都必须承认它是娱乐创新的必然,是文化发展的必然,是公众需要的必然。世上没有永恒存在的事物,文化现象也莫不如此。这种文化现象是否可以催生出更新的娱乐样式,还有待于进一步的观察。

2. 网络消费文化

消费文化并非孤立地存在,而是全球化进程中的文化现象,是西方消费文化思潮直接影响的结果。消费文化作为文化的一种类型,可以理解为"一种因预期而生成的共同信念或规范"。尽管它的研究起源于经济学领域,但它同样关乎社会学、心理学、传播学和伦理学等众多学科领域,与社会生活的方方面面不无关系。

新媒体作为催化剂随着经济的发展,技术的进步,当今社会的消费文化与新媒体正在走向共谋。新媒体通过源源不断生产出的各种符号,持续刺激着人们的物质欲望,引诱人们接受各种消费文化的传播形态,使人们体验各种消费主义的快感。网络消费文化是一种依靠新媒体技术上的数字化与传播上的互动性,传递人际间数字化信息及自身个性化因素与复合观念的媒介文化。它包含在媒介文化之中,是媒介文化的一种新表现和新拓展。

毫无疑问,网络消费文化是人类共同需要的文化产品,跟其他许多文化形态一样,是建立在物质基础上的消费文化形态,这种消费文化又与网络所有上下游厂商及消费者相联系，消费衍生出网络消费文化产业和商业，包括网上购物、网络游戏、网吧、网络动漫、在线点播、网络聊天视频、网络培训、网络教育等内容。

（1）网络消费文化的特征：个性化。网络消费文化是与消费个性化相结合的文化，它的发展构成了网络消费文化的一大特色。网络为人的个性化发展提供了前所未有的空间与平台，只要有一台可以上网的电脑，消费者就可以根据个人的兴趣爱好挑选自己钟情的产品，搜索加工、发布烙上个性化印痕的信息，选择交流的伙伴。在网络世界中，网络消费者足不出户即可实现对各类精神文化产品与精神文化性服务的占有、欣赏和使用，使人们在网络消费过程中的愉悦功能得以发挥，享受个性化消费的乐趣。

网络世界拓宽了私人空间，也使公共领域的权力结构发生了变化。网络交往高度的随意性与隐匿性决定了网络主体可以"随心所欲"地进行交易活动，这无疑强化了消费的个人选择和知识创新。从一定意义上说，网络消费使人变得更自由、更富有个性和智慧。当然，对网民而言，能够自由自在地消费，那将是一件相当愉悦和幸福的事。但可以选择的信息越多便越难做出选择，这也给网络消费者的消费决策带来了难度，并促使其提高信息消费能力。

（2）网络消费文化的特征：便捷性。网络消费文化导致消费观念的转化，体现了超强的跨时空性。数字化网络所产生的知识经济合力，缩短了生产和消费之间的距离，使网上消费变得更加直接、更容易使买卖的双方能在一种近乎面对面的、休闲的气氛中达成交换的目的。同时，由于网消费不受时间和空间限制，消费者可以随时随地端坐在电脑前，以自己最舒服、最灵活、最自由的方式进行各种消费。

借助网络进行消费，成为追逐和制造时尚的体现，形成一股汹涌的购物潮流。"今天在网上买的啥？""团购不？""逛淘宝了吗？"……成为当下人们网上网下聊天的主要话题。

在网络上，消费者通过网络图片、顾客评价等信息，可以对所将要消费对象的把握更直观、更形象，同时网络的快捷、及时，无边界传输和极庞大的信息量使得消费者更容易获得有关消费的信息，这些极大提高了消费者所欲消费的准确性和有效性。

（3）网络消费文化的特征：互动性。在网络消费文化中，信息传递从单向走向双向、多向互动交流；受众参与性增强，将受众从被动的接受者变成主动的参与者。消费者可与企业展开富有意义的交流，企业通过聆听消费者的回应可以迅速、准确、个性化地获得信息，连同网上监测机制所提供的数据、网络浏览路径、点击后行为等分析，可勾勒出较清晰的个别消费者图像，然后就可以将这些宝贵的关于目标消费者的个人信息集成资料库；消费者在获得发言机会的同时，还可以作为特定的目标获得量身定做个性化的信息，从而得到更好的服务。

网络消费文化的互动性特征，导致消费价值观念的转化，人们对物质的关注，尤其是对精神享受的获取，成为网络消费中最吸引人的热点与焦点。在网络消费中，人的尊严往往得到充分的尊重，人的心灵和价值得到最大的关注，心理或情感上的满足，产生愉悦心理情感反应，充分体会到"顾客就是上帝"的购物享受。

第三节　新媒体与社会政治

新媒体不再仅仅涉及传播技术本身的更新，它更体现了新兴传媒力量与社会关系变革、政治势力角逐之间的深刻变化。这就要求我们深入检视更为宏观的国际政治和社会领域，重新看待新媒体技术变迁中所蕴含的复杂背景，作为一种生产力的变革，新媒体的出现无疑对上层建筑产生了巨大而深刻的影响，把人类带入了"电子民主"的新时代。

新媒体政治时代的政治是一种公民政治，与民主政治的代议制形式下公民间接参与政治生活不同，公民政治使得每一个公民都成为政治生活的直接参与者，从而最大限度上最有效地保护了每一个公民自身的利益诉求，而这一巨大进步则明显得益于新媒体技术的出现。

一、新媒体环境下的政治参与

（一）网络参政的含义

国外网络政治研究可以追溯到 20 世纪 90 年代，主要探讨两大主题：一是以网络为主的新媒体对政治的影响，包括对政治制度和政治过程的影响、对政治参与的影响、对国际政治的影响等；二是网络空间的政治问题，如新媒体空间的政治性质、新媒体空间的权力、新媒体管理等。

网络参政只是新媒体政治的一种表现形式，是网络民主发展的必然成果。"网络民主"可以视为"电子人"以网络为载体和新媒介形成"网络社区"，依托"网络社区"进行政治表达和政治参与的新兴民主形式。因此，网络参政可以理解为民众以新媒体为平台，以网络为载体，以发表言论的方式参与政府决策、发表政治见解，参与政治的一种新形式。

网络参政是一个成长中的新生儿，它既有促进行政决策民主化、科学化，扩大公民参与体制内民主的途径等积极正面的作用，又难以避免无序化发展运行的缺陷，是一个需要规范和引导的参政领域。

（二）网络参政的优势

与传统的政治参与相比，网络参政具有先天独具的优势，也有自身难以克服的弊端。互联网是网络参政的工具和基本载体，由于本身所具有的互动性、开放性、平等性和虚拟性等特性，使得网络参政具有以下优势特征。

1. 直接性

由于网络具有信息传递不受时空限制的特点，任何人都不需要别人来代表自己，可以通过网络直接发表意见，与当政者直接沟通，表达自己的政治观点和理念并按照自己的意愿做出判断和选择。正如托夫勒夫妇所阐述的："为了应付信息社会的挑战，需要重新思考我们未来的政治生活，如非群体化开始增多，动员多数人变得越来越困难。而网络政治能解决这一问题。"

2. 平等性

互联网是一个既没有边界又没有中心的虚拟世界，使得参与者能摆脱现实权力和金钱关系的影响，这种去权威化的特点使得参政者享有平等的主体地位、平等的话语权、平等参与政治的机会和平等的网络权力等。

3. 高效性

网络的开放性和低成本性，使得网络参政几乎没有政治壁垒和经济壁垒，民众的意见以及政府决策等一系列与政治有关的内容，能迅速影响到决策层，推动问题的改进或者政策的出台。低成本、低门槛、高效率、高到达率，为民主机制的建立提供了以最低消耗创造最大效益的基本途径。

（三）网络参政的弊端

1. 不可控性

网络中不稳定的非正常因素较多，动态性较强，网络空间的虚拟性、匿名性特征往往会导致网络参政的不可控性。当黑客侵犯政府网站，盗用滥用公民的个人信息，侵犯公民隐私，使公民的个人权利得不到保障时，公正的参政也就落空。

2. 不均衡性

网络参政的不均衡性，一方面体现在国际政治中发达国家和发展中国家之间，一方面体现在一个国家内部发达地区和欠发达地区之间。

在我国，鉴于部分地区居民经济原因和文化素质原因，城乡差别以及东西部巨大的"数字鸿沟"使得部分"精英"和"意见领袖"，利用其现有的话语优势，形成"话语贵族"，把持了公共话语的走向。这样，贫困的下层人民相对的话语权利进一步缩小。

3. 不对称性

从理论的层面看，电子政务网络建设及各类信息资源的整合会越来越受到人们的重视，政府网站会成为政府机构的媒体窗口，它的作用类似于政府的"行业垂直网站"，是服务于社会政治的新媒体。除此外，博客等Web2.0应用及其他形式的网络媒体也会优化行政资源配置，在加强政府与民众的沟通及提升行政效能等方面也应该发挥重要的作用。但理论的推论代替不了现实的困窘，信息不对称仍是当今公共政策过程中的一大难题。

另一方面，网络超越地域和空间界限的传输，会使信息出现爆炸的状态。泛滥的信息有时会使政策执行无所适从，因为政府信息处理能力是有限的，而电子网络环境下大量的信息让政府工作人员感到迷茫；泛滥的个人政策参与信息，尤其是带有主观倾向性和私人情感因素的信息，可能干扰政策执行主体的辨别，导致政府部门规避政策偏差的执行能力大打折扣。

二、国际：新媒体助推各国政治

（一）各国政要借力新媒体

新媒体日益影响选举，形成了无"网"不胜的局面。美国的一项调查显示，美国民众获取的选情信息中，网络已占三成，网络已成为仅次于电视而超过报纸的第二大渠道，并且网络的地位还在上升。马来西亚大学一位教授研究表明，马来西亚 70% 的选举结果受到了博客信息的影响。新媒体具有举足轻重的地位，政要们如不接受网络监督，就只能自毁网络形象，还可能导致政治生涯的曲折和终结。

（二）各国民众借力新媒体

各国政要在获得新媒体带来的利益的同时，也要接受来自新媒体平台上民众们的监督和问询。监督的范围极为宽泛，问询的问题也是五花八门，形形色色，体现出国外信息公开的尺度以及舆论监督延展的程度。

第三章　"一带一路"背景下的媒体发展概述

第一节　全球媒体与"一带一路"媒体

目前，对于"一带一路"的传播思考，在一定程度上大多沿用传统对外传播的思维框架，不少研究仍集中于"讲好中国故事"等层面，对于传播绩效的思考也局限在如何提高中国文化影响力上，并没有真正将中国与世界体系联系起来，没有在全球化和合作语境下思考"一带一路"中的传播问题。本节尝试将"一带一路"传播与媒体合作置于全球治理的框架之下，从主体、合作方式、实施与绩效评估等方面，搭建"一带一路"媒体合作的理论框架与实施路径。

一、全球治理理论溯源

一般认为，全球治理理论伴随着全球化的进程应运而生。全球化是一个整体性的社会历史变化过程，其基本特征是，在经济一体化的基础上，世界范围内产生一种内在的、不可分离的日益加强的相互联系。除了宏观的全球化趋势之外，全球治理的出现以及兴起的原因，还包括国际形势的新变化。国际的冲突蔓延，信息自由化导致国际力量的分散，面向经济发展的国际合作意向日益增加；同时，一些全球性的问题如全球变暖、恐怖主义等也需要各国共同的努力来解决。因此，有学者将全球治理定义为"国际舞台上的行为体通过集体行动来解决全球共同问题的过程"。

更为具体地来说，"全球治理是各国政府、国际组织、各国公民为最大限度地增加共同利益而进行的民主协商和合作，其核心内容应当是健全和发展一整套维护全人类安全、和平、发展、福利、平等和人权的新的国际政治经济秩序，包括处理国际政治、经济问题的全球规则和制度"。

大多数全球治理的研究者承认，在全球化背景下，由于从领土政治向非领土政治的转型，民族国家的政府在政治参与过程中的作用在减弱，而全球治理活动自然超越了传统建立在民族国家政府意义上的"国际关系"。中国学者俞可平将全球治理的主体分为三类：（1）各国政府、政府部门及亚洲国家的政府当局；（2）正式的国际组织；（3）非正式的全球公民社会组织。其中，全球公民社会成为全球治理研究中被重点强调的参与者，其作用范围超越了愈加乏力的民族国家。

全球治理除了从国家转向社会，从领土政治转向非领土政治之外，另一个突出的特点就是从强制性、等级性管理转向了平等性、协商性、自愿性和网络化管理。这使得权力的运行发生变化，改变了原有的自上而下的正式的民族国家政府之间通过政策法规缔约来执行的方式，出现了两种不同的合作形式：自上而下的非正式性的"意愿者联盟"和小集团制度安排与自下而上的公私合作伙伴关系。这使全球治理更具过程性与开放性。

综上所述，我们或许可以针对全球治理提出一个相对概括性的概念：全球治理是在全球化趋势之下，为应对全球问题，包含各国政府、跨国组织、跨国公司以及全球公民社会共同参与的，具有平等、协商、网络化等特征的合作管理行动。需要注意的是，这个概念虽然将全球治理的基本要素涵盖在内，但是，以上对全球治理的批判提醒我们，在思考全球治理尤其是"一带一路"倡议下的媒体合作时，国家、政府的地位以及合作的形式都是需要审慎思考的议题。

二、全球治理中的媒体与全球媒体治理

尽管意识到了传播与媒体问题在全球化过程中的重要性，但研究全球治理的学者却很少专门集中思考传播的问题和全球治理中媒体合作的问题。他们关于传播与媒体问题的论述碎片化地分散在各自的论著中。或许是认为全球公民社会的形成仰赖于互联网的发展，曾经有学者将互联网列入全球治理的对象之一。除此之外，对于全球治理中媒体的地位与角色以及媒体如何参与全球治理等问题在全

球治理的文献中鲜见论述。显然，全球治理研究者对于传播与媒体的认识是片面且不足的，传播与媒体被单纯地简化为技术因素。这与国际政治与国际关系的一贯宏观的研究思路有着很密切的关系，很难思考中/微观层面上媒体在具体全球治理实践中发挥的作用。

另有一批传播学者发明了"全球媒体治理"这一概念。传播学者开始关注"治理"源自国际传播政策变化的推动以及全球的传播变革。与全球化背景下从"统治"（government）到"治理"（governance）的转变类似，媒体研究者认为媒体管理也从"规制"（regulation）转向了"治理"（governance）。在将治理概念引入传播领域之后，全球媒体治理研究关注的是不同的权力实体、体制与行动者如何互动，并展开话语上的交锋，继而影响国际传播政策与媒体政策的制定。作为对全球媒体市场融合以及全球范围内媒体结构变化的回应，全球媒体治理将媒体政策的范围从广播电视以及民族国家政府扩展到影响媒体政策的去国家化因素，如跨国媒体集团等。同时，全球媒体治理也改变了媒体政策的目标，从国家事务与经济效益扩展到助力公共领域与民主生活。在某种程度上，这也是对全球公民社会的一种回应。虽然全球媒体治理将媒体视作全球公民社会发挥作用的公共领域，但实际上，却仍然摆脱不了国家与资本的侵蚀。

尽管全球媒体治理在理论上有诸多构想，但在实际研究中却并不能令人满意。许多研究尝试探究国际性的媒体运动与媒体协定的实际效用，却发现这些集体行动大多宏观而空泛，并且无法评估其对社会日常传播的绩效。多数学者相信，全球治理对于维护公正的国际秩序是有效的，而且这种效果可以通过一定的评估标准加以测定，但这种评估标准却始终没能具体化。

尽管全球媒体治理在最终价值上与全球治理保持一致，但是其研究重点却摆在媒体之外的治理主体如何参与媒体治理之中，媒体成为单纯的被治理的对象，而对于媒体如何参与全球治理却只字不提，在"参与者—媒体治理—全球问题"这一逻辑链条中，后一环节明显缺失。

三、全球治理中的媒体合作

通过对全球治理与全球媒体治理的文献回顾，不难发现，媒体在全球治理中如何发挥以及发挥什么样的作用成为媒体与全球治理联结的关键点。俞可平曾经将全球治理的要素归纳为以下五个：全球治理的价值、全球治理的规制、全球治理的主体或基本单元、全球治理的对象或客体以及全球治理的结果。这些要素或可拆分为五个问题：为什么治理？依靠什么治理或如何治理？谁治理？治理什么？治理得怎样？从全球治理的价值和对象上来说，媒体应当促进人类共同价值的传播与认同，以及国际、全球问题的沟通与解决。全球治理在很大程度上需要依靠媒体发挥沟通作用，它需要为治理的主体之间搭建沟通的平台，为全球公民社会形塑公共空间。

但是，媒体处于一个国家的社会之中，是社会关系中的一环。从这个意义上来说，治理的主体不仅依靠媒体，即将媒体当作治理的工具，同时也规定着媒体的体制、结构等。因此，媒体要在全球治理中发挥作用，也不能摆脱全球治理的参与主体（即国家）对媒体的规制。只是，这种规制具有全球治理的特点，不能再是单一的、强制性的、自上而下的，而应当是多边平等协商的、灵活的、网络化的。这也是全球治理中媒体合作的条件。

更为核心的问题在于，媒体处在国家、市场与社会三者之间，对于媒体问题的思考不能摆脱这种体系。尽管互联网技术的进步以及跨国媒体资本的扩张使得全球化媒体成为研究的热点，但是不能忽视现存的媒体体制以及媒体实体所生存的环境仍然建基于民族国家，所以那种乌托邦式的全球化媒体还远不具备产生的资格和条件。所以，从历史、现实的角度出发，现阶段依靠媒体进行全球治理，仍然不得不依靠各国媒体之间的跨国合作。这是全球治理中媒体合作的现实基础。

跨国媒体的合作虽然强调平等、协商、灵活的规制，但并不等同于摆脱了政府的作用，更不能等同于单纯依靠市场机制的自由兼并重组。事实上，作为权力的不同组织形式，市场与国家相互构建，它们彼此并不隔离和相互排斥。一方面，国家可以通过引入市场关系重构与强化自己；作为一枚硬币的另一面，市场不可能脱离国家权力孤立存在，它是政府和政治的产物。在全球治理的媒体合作中，市场与国家的因素都应当纳入思考，只是二者在不同层面发挥作用。

许多学者曾经归纳过跨国媒体合作的形式，嵇美云曾经将其归纳为：直接输入内容产品、从扮演内容提供商的角色到积极筹备专业频道、资本投入与本地传媒联手、合作开发互联网市场、以电子商务为核心的多媒体战略;而皮卡德则将其称为媒体活动全球化的方式,包括:直接出口、特许生产/版面特许、合资和直接国外投资。

在对跨国媒体合作的讨论中不难发现,围绕跨国媒体所展开的争论与对于全球治理的批判异曲同工。一方面,是不可避免、必须面对的国际化趋势;另一方面,则是全球化趋势所带来的风险——自由市场的资本入侵,集体权利依赖国家的两难境地。但是,必须要指出的是,无论是跨国媒体合作还是全球治理,自始至终都没有否认过国家作为集体权利的执行者和守护者参与其中,只是参与的方式和角色有所争议。

对于媒体合作绩效的评估,相较于全球治理绩效评估的模糊,显得更为具体而确定。评估媒体合作的绩效应该基于两个层次:首先,媒体合作作为被治理的对象,是否建立了一套透明、完善、能够合理平衡政府、媒体组织和市场三者权力的机制,媒体之间是否能够进行有效的内容共享、人员合作;其次,媒体合作作为治理的工具和参与者,是否促进了相关国际问题的解决抑或是公民社会之间的认同与公共事务的讨论,这种绩效的评估是具体的,也是媒体研究所擅长的效果评估。

四、全球治理与"一带一路"媒体合作

"一带一路"的国际传播在"一带一路"总体建设中占据十分重要的地位。2015年3月国务院发布的《推动共建丝绸之路经济带和21世纪海上丝绸之路的愿景与行动》指出,民心相通是"一带一路"建设的社会根基,而媒体是民心相通的桥梁和纽带。传承和弘扬丝绸之路友好合作精神,需要广泛开展跨国的媒体合作,为深化双边、多边合作奠定坚实的民意基础。"一带一路"的国际传播与媒体合作不仅是"一带一路"区域合作共赢的内容之一,更是推动"一带一路"各项工作的重要助力。

从"一带一路"提出的目的来看,它旨在推动区域合作乃至惠及全球社会的共同发展,是针对全球化的新趋势,由中国所提出的因应之策。对于"一带一路"的思考,包括对于"一带一路"国际传播凝聚共识的思考,应当具备全球眼光,

将其置于世界体系框架内。对于"一带一路"的传播，不应再局限于传统的以自我为中心的对外宣传范式，而是应当放眼世界传播体系，建立全球的媒体合作格局。

实际上，《推动共建丝绸之路经济带和21世纪海上丝绸之路的愿景与行动》早已指出：共建"一带一路"符合国际社会的根本利益，彰显人类社会共同理想和美好追求，是对国际合作以及全球治理新模式的积极探索，将为世界和平发展增添新的正能量。对"一带一路"媒体合作的思考应置于全球治理框架之下。把全球治理下的媒体合作具体放到"一带一路"之中思考，则需要根据实际对理论进行回应和修正。

"一路"沿线相较于"一带"沿线而言，其媒体发展程度较高，媒体体制更加多样化。媒体组织可以依靠自身进行合作，国家政府在很大程度上仅仅提供法律或政策上的引导和规制。在这种情况之下，媒体机构之间进行的合作就成为主要的合作方式。同时，这也是社会层面的一种媒体参与，在社会、市场条件下的媒体合作与全球治理主体中的社会层面相契合。虽然市场在媒体发展中的作用是双重的，但不可否认，它仍然是市场经济条件下推动媒体发展的第一动力，问题的关键在于如何制衡市场和资本的权力。在这一点上，无论是基于中国自身和沿线国家体制，还是国际现实，仍然要依靠公权力和国家政府的规制。

综合以上对理论与实际的论述与思考，以全球治理为基本框架的"一带一路"媒体合作框架已经基本清晰。

在媒体合作这一核心议题之下，合作的价值或者目的在于：促进区域经济发展、区域性问题的解决，以及区域内国家之间、人民之间的沟通、理解与文化交流。

媒体合作参与的主体是国家政府、地方政府与媒体组织。无论是"一带"还是"一路"，全球性公民社会都还只是理论上的可能性，这些国家与中国以及区域之间也不存在脱离国家及政府的全球性合作组织，更不存在脱离国家体制之外的媒体。在"一带"沿线的媒体合作基于社会发展情况，应以政府为主导，在"一路"沿线则可以进行媒体组织自身发起的自由合作，政府与国家体制提供辅助。

关于各主体在媒体合作中发挥的作用，从国家层面来说，主要还是宏观的战略引导和支持，而地方政府则提供具体的法规和政策规制；至于媒体组织，则涉及更为具体的人员合作、内容交换，建立传播的合作机制、达成协议以及规定职业标准等。

关于各主体媒体合作的内容，在国家层面，媒体合作所带来的应当是政治上共同价值的传递、外交上的互信、推动区域合作目标的达成；在地方层面，更多的则是经济上的合作、具体合作意向的建立；而在媒体组织自身，则是人才的培养、内容的共享等。这三层内容之间应当是层叠嵌套的，高层次的内容之下嵌套低层次的内容。

关于媒体合作的绩效评估，对于国家和地方政府而言，在一段时间内用数据说明，双方的媒体合作频率是否增加，就媒体合作达成的合作意向是否增加，已经达成的媒体合作是否持续运转，是否能吸收更多的媒体以及成员参加；在媒体组织层面，除了考察在人才互换、内容共享上频次的增加之外，还要利用媒体研究取得的成果，评估其内容质量是否有提高，在传播彼此内容的数量、形式、话语上是否有改进；另一方面，也要考察受众对传播内容的接受程度，这是媒体合作绩效的最为直接的评价指标。

"一带一路"是一项贯穿亚欧非、涉及多个经济圈、惠及几十亿人口的工程，它的媒体合作需要跨越不同的体制、制度和文化。本节根据全球治理相关理论所设计的"一带一路"媒体合作的框架与路径，在宏观上为媒体合作的构建与分析提供了理论依据。但是，无论是"一带一路"还是"全球治理"都秉持着开放、多元的基本立场，因此，这一框架也并非是铁板一块，也应随着实践的推进灵活调整。

第二节　"一带一路"背景下的媒体变局

为顺应国家推进"一带一路"，大众媒体和传播体系必须做出调整以适应新的形势，我国大众媒体将面临深刻变局。"一带一路"的国际化目标和国际化运行模式，要求我国媒体做探路者、引领者、预警者和服务者，传播和平、发展、合作、共赢理念，鼓励沿线各国共同打造政治互信、经济融合、文化包容的利益共同体、责任共同体和命运共同体，造福沿线各国人民。因此，提前做好相关理论准备，厘清在应对国家实施"一带一路"倡议背景下媒体自身的责任与出路，势在必行。

在 2013 年 9 月和 10 月期间，习近平总书记先后在有关国际会议和国事访问活动中提出建设"一带一路"（即建设"新丝绸之路经济带"和"21 世纪海上丝绸之路"）的构想。这个构想一经提出，很快形成联动效应，国内有 20 个省份被纳入"一带一路"建设范围，国际上 150 多个国家给予了关注，其中 50 多个国家表示愿意参与"一带一路"建设。

习近平总书记提出"一带一路"构想并要求高举和平、发展、合作、共赢的旗帜，与沿线各国共同打造政治互信、经济融合、文化包容的利益共同体、责任共同体和命运共同体，造福沿线各国人民，促进人类文明进步事业，意义重大。如何顺应这一宏大战略布局，如何在这一战略背景下加快媒体变局，进而充分发挥媒体力量，形成大传播格局，服务于"一带一路"建设，需要我国媒体人给出清晰的答案。

一、"一带一路"倡议与媒体变局新使命

从 2005 年 11 月 24 日京华时报社社长吴海民提出"中国媒体大变局"的概念以来，我国媒体变局就一直走在路上，只不过方向在哪里，目标是什么，如何选择相应的路径，怎么规避可能的风险，尚处于探索之中，还没有取得被广泛认同的比较一致的说法。不过，中央"一带一路"构想的提出，或许会给我国媒体变局提供一个全面转型的契机。

丝绸之路是古代中国连接亚洲、非洲和欧洲的商业贸易通道，分为陆上丝绸之路和海上丝绸之路两条线路。这是古代连接东方与西方，在经济、政治和文化各个领域进行交流的主要通道，最初用作运输中国出产的丝绸、瓷器等商品，然后成了沿途各国贸易往来的主要通道。19 世纪 70 年代，德国地理学家费迪南·冯·李希霍芬男爵第一次以"丝绸之路"来称呼这条通道，后来逐步为世人所接受。2013 年 9 月，习近平在访问哈萨克斯坦时提出重新构建"丝绸之路经济带"的设想；同年 10 月，他在出席 APEC 领导人非正式会议期间又提出愿同东盟国家加强合作、共同建设"21 世纪海上丝绸之路"的倡议；2014 年 8 月，习近平出访蒙古国时，明确表示欢迎周边国家"搭便车"。至此，我国高层有关"一带一路"的宏

观构想最终成型。2015年2月1日，国务院在北京召开了专题会议，安排部署推进"一带一路"建设工作，"一带一路"从宏观构想正式进入全面推进阶段，新闻传播参与实施这一宏大目标，已经是责无旁贷的使命。

（一）一呼百应，春潮涌动，媒体要做探路者和引领者

丝绸之路经济带国内布局分为北线、中线和南线三条大通道，分别从环渤海、长三角和珠三角三个经济圈出发，依托国内现有交通干线，自东向西贯穿沿线重要节点城市，经新疆通向中亚、西亚、南亚和俄罗斯等地。"一带一路"是一个合作发展的理念和倡议，主要是依靠中国与有关国家的双边或多边机制，借助既有的行之有效的区域合作平台，借用古代"丝绸之路"的历史符号，高举和平发展的旗帜，主动发展与沿线国家的经济合作伙伴关系，共同打造政治互信、经济融合、文化包容的利益共同体、命运共同体和责任共同体。

由于这一构想与相关地区和国家利益攸关，它所产生的联动效应必将引起国内各省和世界各国目光的聚焦，抢占第一制高点的本能冲动必然会促使各方迅速参与角逐。

事实上，国内各地特别是历史上丝绸之路的主要节点城市早已按捺不住，它们闻风而动，各出奇招，或高调布局，或暗中使劲，或筑巢引凤，或合众连横，用"春潮涌动，摩拳擦掌"来形容毫不为过。2015年3月初，西安市率先发布了《西安建设丝绸之路经济带战略规划》等文件，启动了第一批60个以丝绸之路经济带为名义的重点项目，总投资额达到1155亿元；作为拥有丝绸之路重镇、控制欧亚经济咽喉，处于中亚、西亚枢纽的新疆维吾尔自治区，在第一时间就部署了"加快落实丝绸之路经济带核心区建设实施意见和行动计划"，重点抓好重大基础设施项目建设和储备，推动中巴经济走廊及面向中西南亚和欧洲的物流通道、信息通道建设，突出与周边国家道路联通、信息互通；地处西南要塞的四川省，当然也不会坐失良机，它迅速提出了从三个方向构建综合立体交通走廊，重点打通成都—西安—环渤海地区的铁路和公路的设想，加快成兰铁路建设，加快川藏铁路、成都至西宁铁路等项目的前期工作。据统计，各省2015年两会政府工作报告上关于"一带一路"基建投资项目总规模已经达到1.04万亿元。这些参与省份，无不借

助大众媒体，展现各自的区位优势，宣传各自的优惠政策，描绘未来的绚丽图景，引导社会舆论朝着有利于自身的方向发展。

同时，随着自贸区在粤闽津布局，在中西部设立自贸区的预期再起。在2015年全国两会上，重庆以全团名义的方式向大会提出在重庆设立内陆自贸区的建议；内蒙古、河南、山东、辽宁等省区均表示，它们都被纳入丝绸之路经济带，或大力建设节点城市，或雄心布局经济走廊，或精心打造海铁联运通道，建设面向蒙俄、东北亚及欧洲，连接南北的现代物流基地。总之，国内相关各省区市无不摩拳擦掌，跃跃欲试，各地媒体都在其中担当先锋角色。

国际上，"一带一路"的目标是：国家不分大小，经济不论强弱，都要在"一带一路"理念下实现独立发展、协同创新、各显优势、互利共赢。在2014年5月的亚信峰会上，中国明确表示要在2014年到2016年中国作为亚信主席国期间，推动建立"亚洲人的亚洲"，要将亚信平台变成解决亚洲安全问题的总平台。多种迹象表明，国际上的差异化发展、错位竞争、彰显特色与合作共赢格局正在形成，一个多国参与、各展风采的国际化竞争与合作新局面即将来临。

显然，要保证这种合作与角逐的有序进行和符合规则，离不开高端科学合理的顶层设计与宏观布局，也需要得到媒体全面充分、及时有效的信息保障。作为各国联系纽带和社会协调机制，媒体决不可也决不会缺位。

（二）主打经济，目标清晰，媒体要做服务者和预警者

中国提出重建陆上丝绸之路和海上丝绸之路的宏伟设想，有着重要的现实考量，而经济需要无疑是最核心的诉求。这一设想提出的背景一是我国近年来明显出现产能过剩、外汇资产过剩，需要寻找新的市场来加以消化；二是中国油气资源、矿产资源对国外的依存度高，需要寻找比较稳定的能源资金来源；三是中国的主要工业企业和基础建设集中在东南沿海，如果遇到外部军事打击，可能会出现毁灭性灾难，因此需要将建设重点逐步西移，建设更多基础设施，以防不测。启动"一带一路"建设的目的十分清晰，那就是要在通路、通航的基础上通商，形成以经济建设促和平发展，从而避免可能出现的国际冲突。这意味着，我国媒体变局要遵循先经济商贸后意识形态的思路，必须对我国传统的媒体经营理念、信息提供

格局和媒体管理方式进行根本性调整。

"一带一路"涵盖东南亚经济整合、东北亚经济整合，并最终融合在一起通向欧洲，形成欧亚大陆经济整合的大趋势。中国开展的亚洲公路网、泛亚铁路网规划和建设，与东北亚、中亚、南亚及东南亚国家开通13条公路、8条铁路，油气管道、跨界桥梁、输电线路、光缆传输系统等基础设施建设也取得了成果。这些设施建设，为"一带一路"打下了物质基础。但如何充分利用这些基础设施，推动相关地区和国家的协同发展，不断充实建设内涵和提高质量，则必须借助大众媒体的有效服务。

"一带一路"合作中，经贸合作是基石。它强调在平等互利的文化认同框架下谈合作，主打经济与商贸，体现和平、交流、理解、包容、合作、共赢的精神，不搞封闭机制，不搞一方独奏，而是开放包容，有意愿的国家都可以参与进来。这种有着良好愿望的设计理念，必须依靠大众媒体的准确阐释和有效传递；这种合作方式，也必定要求大众媒体淡化意识形态功能，全力提供经济信息，报道各方合作动态，既做好信息服务工作，也做好各种预警报道，要求传统媒体从根本上改变旧的思维方式和运行模式。

二、万马奔腾背后的隐忧

习近平提出建设"一带一路"的构想后，不但当时就获得中亚、东南亚国家领导人的一致支持，更是在2014年大规模发酵，连澳洲、美洲、非洲、欧洲也行动了起来。2015年3月7日，商务部部长高虎城在全国两会新闻中心记者会上表示，在欧亚大陆上至少有一半的国家已经明确表示愿意参与"一带一路"建设，而且数量还在不断增加，已经形成万马奔腾的局面。

但是随之而来的是，面对如此众多的参与者、如此复杂的组成要素、如此丰富多彩的建设内容、如此错综复杂的各种关系，如何确定自己在这一伟大战略布局中的位置、如何找到自身的发展空间、如何与其他参与者进行良好的合作与互动、如何防范可能发生的各种不确定性，还没有现成的答案。随着"一带一路"的不断推进，这个问题必将日渐凸显出来，并可能成为影响实施这一宏观战略的重要因素，媒体作用也变得越来越重要。

当前，至少有三个问题亟需媒体给出答案。

第一，"一带一路"的内涵如何定义？根据有关方面的阐释，"一带一路"蕴含着以经济合作为基础和主轴，以人文交流为重要支撑，开放包容的合作理念。特别是将中亚、南亚、东南亚、西亚等区域连接起来，有利于各区域间互通有无、优势互补，建立健全各种经济要素和市场的供应链、产业链和价值链，使泛亚和亚欧区域合作迈上新台阶。媒体有责任引导沿带沿路各国政府和居民统一对"一带一路"内涵的认识，优先推进在政策沟通、道路连通、贸易畅通、货币流通和民心相通五个方面达成共识。

第二，如何将"一带一路"的理念带入实际的操作层面？"一带一路"建设不可能一蹴而就，也不是一朝一夕的事，一定会分类别进行、分阶段实施。近期重点是基础设施，包括道路、能源管线、电信、港口等，通过"共建"和互联互通，提高贸易和投资便利化程度；中期目标是推动在条件成熟的国家和地区朝自由贸易区迈进，打造中国与东盟自贸区的升级版，与中亚国家建立自贸区，将非洲东海岸和拉美地区环太平洋国家纳入合作机制；远期目标是建成覆盖中亚、南亚、西亚、欧洲、非洲、拉美国家的自由贸易区群，力争覆盖全球 100 个以上的国家。媒体要积极引导"一带一路"参与国及其公民在这一宏观布局指导下确定好各自的建设思路和相关目标，安排好各自的建设任务和行动路径，积极与相关国家建立良性互动、共同发展机制，将共建理念落实到操作层面。这些蓝图必须通过媒体进行呈现，进展情况也必须通过媒体来进行展现。

上述问题错综复杂，不可能靠一两次国际会议和日常外交活动来解决。它需要大众媒体日复一日、接连不断、和风细雨、润物无声、充分说理、潜移默化地影响世界的认知，消除认识上的偏差，从而达成大体上的共识。

三、让信息跑在经济的前边

任何经济活动的展开，任何实体经济的发展，都必须以获得信息为先导，都是对各种信息进行综合比较、价值评估和代价权衡后做出选择的结果。没有信息引导的经济行为，一定是盲目的，任何没有信息引导的经济活动，都不可能获得理想的效果。大众媒体从诞生的第一天起，就承担起了向公众传递信息的特殊使命,并将永续此责。大众媒体要始终做社会经济的引路人,在"一带一路"建设中,更要让信息跑在经济的前边。

信息全球化是经济全球化的基础和动力。信息全球化的发展,丰富和发展了经济全球化的内容。信息技术和信息传播全球化,不仅为经济全球化提供了强大的物质手段,而且造就了全球经济最具活力的新增长点,为经济全球化增添了新的动力。"一带一路"的建设,离不开信息全球化的支撑。

总之,在人类进入信息社会的今天,信息成了人们决策的主要依据,获取信息成了人们日常生活的第一需要。作为社会公共信息的供给者,在"一带一路"正式成为世界瞩目的建设项目时,媒体工作必须走在各项经济工作的前面,信息传播必须走在经济建设前面。这既是媒体的职业责任,也是社会对媒体的行业期待,大众媒体别无选择。

四、夯实媒体变局的三个支点

有关媒体变局的讨论已经进行了多年,各种意见百花齐放、异彩纷呈、各执一端、莫衷一是。本节不打算讨论媒体变局的何去何从,而是想特别指出,不管媒体格局如何改变,有三个支点必须夯实。

(一)回归媒体原生功能

媒体功能是媒体对社会产生的作用与价值,是社会分工赋予媒体的职责。但如何认识媒体功能,历来仁者见仁、智者见智,没有统一的看法。普利策把国家比喻为一艘航行在大海上的船,新闻记者就是站在船头的瞭望者,他认为媒体的主要功能是预警;拉斯韦尔认为媒体有环境监测、社会协调、文化传承功能,环境监测为其首要职责;也有人指出媒体具有社会规范和强制功能、社会地位授予功能和负面的麻醉功能……这些观点都有各自的道理。笔者认为,媒体功能可以从其结构上细分为以下三个层次:第一,原生性功能,即传递信息。媒体是报道自然变化、社会变迁和各种突发事件的载体,是社会各方沟通意见和信息的平台,是公众的通信工具,并不存在先天倾向性,这是媒体的固有功能。第二,派生性功能,是指媒体一定要对信息进行筛选后发布,读者也会各取所需地对信息进行选择和解读。当信息可以被大量复制从而被社会许多人同时接收的时候，媒体的派生性功能就应运而生，这样，媒体功能就有了主观性和功利性。第三，赋予性功能。这是某些力量出于自身需要对媒体功能的改造与开发，是人的主观意识在媒体中的映射。在信息社会里，在构建和谐世界的大背景下，媒体的原生性功能得到重新确认。在"一带一路"的国际视野下，受众需要媒体及时提供充足的信息，借以做出决策；大众传播成为各种信息的汇聚过程，成为为社会成员——无论是个体还是团体或是组织决策者提供信息资源的服务性活动。以传播观念为目的的宣传或者劝服，变得与"一带一路"建设的要求格格不入。在这种背景下，传播与"一带一路"成为一种共生关系，"灌输""教化"等做法不再有市场，必须构建以需求为导向、以服务为宗旨、以受众为中心的传播体制。媒体应成为推动"一带一路"沿线各国公众不分种族、宗教、信仰、国籍，共同享有自然资源和社会资源的工具。借助新的传播媒体，帮助各国人民超越不同文化、不同社会制度之间的差异，走向真正的相互信任与理解，实现国际关系的长久和谐。

（二）维护媒体社会公信

人们信任大众媒体，源自媒体长期积累起来的社会公信力。媒体要坚定不移地维护自己的公信力，不能让其受到损害。一旦公信力受到公众质疑，媒体就必须真诚面对，尽一切努力加以修复。

兑现专业承诺是维护媒体公信力的根本保证。兑现专业承诺的第一要义是要遵守新闻规律，忠实履行客观报道新闻和进行公正评论的职责。在有关"一带一路"的报道中，媒体要满足四个要求，即真实性、真诚性、可理解性和适宜性。真实性对应于客观世界，要求媒体做到立场公正，报道真实，重大新闻无遗漏。只要环境发生变化、只要出现意外事件、只要社会发生某种值得警惕的迹象，媒体就有责任及时做出报道，不隐瞒、不延误、不做相反的报道。真诚性对应于主观世界，指媒体要真心服务，真诚做事，为建设"一带一路"投入真感情。可理解性指媒体要用通俗流畅的语言、大众喜闻乐见的方式报道新闻，不附庸风雅，不故作高深，不玩弄概念。适宜性指的是"看菜吃饭，量体裁衣""到什么山头唱什么歌"。传播一定要考虑接受对象的兴趣、习惯、接受的可能性和关注的焦点，适应彼时彼地彼环境下公众对信息的需求，不断提高报道的针对性和实用性。

只有公信力高的大众媒体，才有资格担当服务和引领"一带一路"建设的历史责任。

（三）更新媒体管理方式

整体上看，我国对媒体管理一直比较严格，创办媒体须经批准，从业人员实行准入，信息发布要过三审，而对于那些有过错的媒体和从业者的处罚也较为严厉。但是，如果社会没有一定的宽容度，不给媒体自我反思和自我修正的机会，媒体的自我洁净过程就难以实现。大众媒体坚守专业主义，改变守成有余而创新不足的现状，有效服务于"一带一路"，离不开社会宽容。马克思也认为，办报不可能不出错，但报纸有强大的自我纠错能力，可以"用今天的报道纠正昨天的错误""用明天的报道弥补今天的不足"。因此，摆在当局面前的一项任务，就是要更新管理观念和治理方式，帮助媒体服务"一带一路"报道，解除媒体的后顾之忧。

为了给媒体创造比较宽松的环境，在新闻活动比较自由的国家，一般都采取事后追惩的办法对媒体进行管理，即事先不报批不审查，一旦报道涉嫌侵权，不是由国家或政府出面，而是由受害当事人（政府也可以是当事人）向法庭提起诉讼。即便闹到法庭，媒体败诉的机会也不大，因为这些国家特别规定了一个"答辩事由"，即如果受害人控告媒体侵权，媒体可以凭以下事由中的任何一个来进行答辩免责，分别为：事实（主要情节）真实，评论公正，已经更正。最后一个基本上可以保证媒体不需负任何法律责任，因为这个事由是"承诺更正"，即只要同意更正，就可以免受刑事处罚。尽管这可能会给某些媒体恶意利用这种权利提供空间，但在实践中，媒体都会珍惜自己的声誉，尚未发现恶意利用的先例。因为西方媒体都知道，一旦恶意利用被发现，那就离倒闭不远了。如果我国媒体管理能够引入这种理念，媒体就可以解除后顾之忧，就会有更多的精力、更足的信心和更饱满的精神状态来为实现"一带一路"的宏伟目标服务，来为实现我们民族的伟大复兴做出应有贡献。

第三节 "一带一路"构想下中斯媒体合作

斯里兰卡国内的媒体在经历了政治和经济的双重影响下，在新时期开始了稳定的发展，同时也寻求与媒体大国——中国的合作。在斯里兰卡保持传统媒体优势的同时也展开了新媒体的建设，而中国在这个过程中可以提供很宝贵的经验。两国长期以来拥有稳定的人文交流基础，在新时期的"一带一路"构想下，媒体的合作将进一步深化。斯里兰卡将会是中国新型共享式对外传播的重要受众，也会为中国的受众了解斯里兰卡开辟一条新道路。

斯里兰卡和中国自古以来就保持着良好的合作关系。中国国家主席习近平提出"一带一路"伟大构想和"人类命运共同体"概念后，两国在经济、贸易、文化领域加强了交流和合作。斯里兰卡作为海上丝绸之路的一个重要节点，拥有得天独厚的海运优势，其地理位置更是打通南亚经贸通道的关键，因此加强与斯里兰卡的合作是实现"一带一路"伟大构想的重要一笔。同时，两国都创造了灿烂的历史文化，不管是旧时代的"大米换橡胶"，抑或是新时期的经贸交流，两国之间拥有深厚的人文交流基础，媒体领域的合作必将增进人民之间的了解，同时也借此机会向世界传达中国声音。因此，笔者梳理了两国在媒体领域合作的成果，并提出未来可以发展的方向以供参考。

一、斯里兰卡媒体发展简述及相关研究

中国人民大学的陈力丹教授总结了斯里兰卡媒体从早期的严格管制到逐渐开放的演变过程。中国在深化和斯里兰卡的经贸合作的同时，借着"一带一路"之势也加强了媒体领域的交流合作。孙发友和陈旭光教授认为，两国媒体在"一带一路"构想下的进一步合作对中国而言，是在国力稳步提升的同时争取更多国际话语权的努力，也是借外国媒体塑造大国形象的尝试。新时期中国在对外传播中可以尝试"以点连线"的方式，即选取与"人口众多、经济发达""文化代表性强""处于经济走廊"或者"对中国友好,对中国有一定客观的认识基础"的国家进行合作，

而斯里兰卡有后三个方面的优势。

二、中斯两国媒体合作现状

（一）中斯两国媒体合作意义

斯里兰卡位于南亚印度洋上，近邻印度。印度作为南亚最大的国家，同时也是地区事务中的重要参与者，印度的话语权将影响中国在亚洲乃至世界上的形象。

中国国家主席习近平提出的"一带一路"倡议和"构建人类命运共同体"构想规范着中国对外传播的模式，从"单向灌输"向"双向互动"的转变也标志着中国对外传播开始走向"人文关怀"的新型"共享式对话"体系。中国与斯里兰卡在媒体方面的合作，必然会加强两国人民对彼此文化的理解，同时这也是中国向全世界渗透"和平合作、开放包容、互学互鉴、互利共赢"的丝绸之路精神的实践方法。斯里兰卡和中国同为亚洲国家，在文化上有千丝万缕的联系。中斯两国长期以来拥有深厚的人文交流基础，合作将进一步深化。目前两国已经签订了许多合作协议，包括科伦坡莲花塔项目和中斯港口城在内的项目将助力两国媒体领域的交流合作。

（二）中斯两国传统媒体的合作

在斯里兰卡国内，传统媒体发展更为稳定，受众群体也更为庞大，占据了斯里兰卡国内媒体行业的半壁江山，这一点与中国不同，中国媒体的发展更看重传统媒体与新兴媒体的有效融合，以此加速传统媒体的转型。本节仅分析和讨论印刷媒体（报纸、杂志、书籍）、电视和广播领域的合作。

1. 中斯两国印刷媒体的合作

两国在印刷媒体领域的合作早在20世纪50年代就已经开始，以斯里兰卡社会上层的古达瓦达夫人开办的普拉加出版社和当地青年开办的维纳斯书店尤为典型。甚至有些受到中国书刊影响的斯里兰卡年轻人后来也开始经营新中国书刊在斯里兰卡的发行。后期改名为"黎明出版社"的"普拉加出版社"也曾多次印刷僧伽罗语和泰米尔语版本的中国"红色书籍"，如《人民画报》《中国建设》以及毛泽东的著作，这些著作在当地的发行量都突破了五位数。

中国走向改革开放道路，斯里兰卡对中国书刊的限制也日趋放宽。佟加蒙和何明星认为，斯里兰卡现在的印刷媒体行业发展程度相当于中国 20 世纪 90 年代的水平，加之中国已然开始发展新媒体行业，而斯里兰卡仍以印刷媒介为主，两国之间存在设备、技术和渠道上的差异，因此相较于之前所达到的巅峰，现阶段两国印刷媒体的合作主要以国际书展的形式呈现。同中国一样，每年 9 月是斯里兰卡的开学月，因此由斯里兰卡出版协会主办，纪念班达拉奈克国际会议中心协办的"科伦坡国际书展"自然备受瞩目。截止到 2018 年 7 月，中国参加了第 16 届至第 19 届共四次书展，并在第 16 届（2014）担任主宾国。这也是"一带一路"伟大构想提出后中国与海外国家媒体交流领域的一次重要亮相。中国作为首个受邀担当主宾国的国家派出了来自 35 家出版单位的负责人，率领知名作家和记者共 112 人到访。除了展销反映中国历史和丝绸之路的图书，在这次展览中还专门开设了一个主题馆，举办了两国作家研讨会、两国互译图书展等活动，多方面、多维度、多视角地展现中国文化。

鉴于 2014 年出色的合作，斯里兰卡首次出席了次年在北京举办的国际图书博览会。萨迪帕出版社的经理如是比喻中国和斯里兰卡的关系："相比历史悠久的中国，斯里兰卡更像是个充满朝气的年轻人。"中斯两国都在漫长的文化长河中打磨出了优秀的文化瑰宝，他迫切希望两国之间培养更多的翻译人员能够把双方优秀的经典著作准确地传达给两国人民，互相改变民众彼此的印象。

正如前文所述，斯里兰卡曾受到社会动荡和经济制约的影响，纸质媒体至今仍然是当地民众最常接触的媒介，因此书展成为媒介合作的主要方式，却又不仅限于成品图书的展销，两国在印刷技术、翻译工作、流通渠道方面的合作都为双方文化的交流开创了可以展望的空间。

2. 中斯两国广播电视媒体的合作

由于长期的社会发展不均衡，加之文化教育结构不完善，斯里兰卡国内仍然有很多人需要通过传统的印刷媒体来获取新知。随着经济的发展，斯里兰卡的广播电视技术得到了提升，同时也在寻求更广泛的合作平台。中国的广电事业已经从传统的信号模式升级为数字模式，有大批成果值得斯里兰卡借鉴，作为从 20 世纪 50 年代就开始交流的广电行业，两国的广播电视机构在新时代下的合作应运而生，乘着"一带一路"这个平台将会有更进一步发展。

早在 2010 年，中国国际广播电台就已经在斯里兰卡首都科伦坡落地播音。在中国国际广播电台科伦坡 FM102 调频台开播仪式上，时任台长王庚年表示，中国国际广播电台在斯里兰卡开播，对于两国的广播事业来说都是获益匪浅的。从 20 世纪 50 年代开始，国际台就陆续开放了面向斯里兰卡民众的短波电台。由于有着大量的听众基础，国际台在斯里兰卡的开播将进一步促进两国文化的互通，相互借鉴经验，更好发展双方的广播事业，这也是双方广播机构友好合作的典范。斯里兰卡是国际台听众收听和反馈最多的国家之一，也有越来越多的中国听众通过国际台以往的播音，对这个同时说着英语、僧伽罗语和泰米尔语的南亚国家的文化充满好奇和期待。听众朋友们可以收听到更清晰的播音和更丰富的内容，更加了解两国文化的异同和政府间真诚的交往。近年来，中国国际广播电台也在和斯里兰卡当地的主流媒体进行全方面合作，一方面坚持播报中文节目，增强中文的影响力；另一方面，也以融入当地社会为主要目标，每天 19 小时用英、僧、泰（米尔）语播音，借助本土化声音传播中国文化，同时也提高本土人员的构成比例。

根据两国 2013 年的协定，中国航天科技集团向斯里兰卡交付一颗"东方红"4 号通信广播卫星，该卫星将帮助斯里兰卡提高电视节目的直播效率和质量，同时也提供了更多的卫视节目供当地居民选择。斯里兰卡 SupremeSAT 卫星公司非常重视这个卫星的交付，并期待今后在通信卫星领域有更多的合作。此外深圳达华智能集团于 2018 年 1 月与 SupremeSAT 卫星公司达成了股权投资及战略合作协议，旨在扩大两国卫星科技合作的空间，进一步巩固中国在海外卫星通信和全球媒介产业布局的成果。

由中国电子进出口有限公司承建的科伦坡莲花塔项目不仅将成为斯里兰卡国内旅游的又一重要地标性建筑，更重要的是将为这个国家的居民开启数字电视时代。据悉，该塔顺利建成后将提供 50 多个频道的电视节目，也将承载 20 多家通讯商的服务。这次合作将大大改善斯里兰卡电视转播的模式和质量，由传统的"模拟信号"升级为结合新媒体和高科技的数字电视，当地居民利用媒体"获取信息、娱乐消遣及情感满足"将更加方便。该工程也是我国首次在海外按照自己的标准设计的电视塔项目，对双方来讲都是一次开创性的合作。目前斯里兰卡有 2 个国营电视台以及 10 个民营台，两国广播电视媒体的合作也将逐渐深化到地方台。比如，斯里兰卡公共电视公司与云南广电传媒集团就丝路影视联盟体和 DTMB 项目展开会谈并达成相关协议。DTMB 是一种传输效率高、抗干扰能力强、信道性能良好、接方便快捷的数字电视技术。斯方代表希望凭借中国在该技术方面的优势，深化两国影视机构的合作，实现影视资源的共享交流。

2017 年年底，中国国际广播电台国际台副台长胡邦胜先生在会见斯里兰卡国家电视台台长拉维·贾耶瓦勒德纳时强调，两国在文化交流和媒体合作的领域存在可观空间，可以充分发挥两国主流媒体的优势进行合作，特别是视频媒体的合作。据悉，中国国际广播电台与"一带一路"沿线国家签署了"中国剧场"播出协议，斯里兰卡也是协议中的一方。此协议将通过平台合作、译制合作以及播出合作的方式，在斯里兰卡当地长期以僧伽罗语和泰米尔语播出中国优秀的影视作品和节目，如电视剧《欢乐颂》和纪录片《美丽乡村》《你好中国》等。

由斯里兰卡大众传媒部、国家电影公司以及中国驻斯里兰卡大使馆联合主办的"斯里兰卡中国电影节"至今已经举办了 3 次，为了让更多斯里兰卡民众了解中国习俗和中国文化，每次都选在中国的春节前后举办。受众对于可视化信息的接收理解效率要高于单纯的文字，所以影展是一种非常直观的方式。而另一方面，斯里兰卡也曾在四川成都举办了"2010 斯里兰卡国际电影展"，共 6 部展现斯里兰卡百姓生活的影片参展。对于中国观众而言，亚洲国家电影中大家比较熟悉的是来自印度、日本、韩国、泰国、新加坡的影视作品，所以斯里兰卡的影展为中国百姓提供了一个宝贵的了解斯里兰卡的机会，也拓宽了中国观众认识世界的层面。

（三）中斯两国新媒体行业的合作

以前由于当地的基础设施不先进，加之高昂的维修费用和较低消费能力的双重压力，大多数民众仍然不能随心所欲地连接宽带网络。而新媒体行业运营的基础需要靠网络基础设施的建设来稳固，这一点中国可以做很好的示范，因为仅单一运营商的基站就超过 100 万座，同斯里兰卡新媒体现状相比这种差距是巨大的。

进入 21 世纪后，多数报纸除了线下销售稳步增长外，也开始建设自己的网站及订阅号，并逐步开发移动客户端。尽管投入和收益的比例尚不能达到可观效果，但新媒体领域的工作在慢慢改变斯里兰卡人民的媒介接触习惯。因为有中国互联网行业的显著榜样，斯里兰卡很注重和中国的合作，中国国际广播电台的僧伽罗文、泰米尔文国际在线网站成功与斯里兰卡本土网站互换链接，双方信息交流的效率将提升。

三、中斯两国媒体未来的合作方向

（一）技术、渠道方面的合作方向

由前文可知，斯里兰卡国内的媒体在寻找高效的传播渠道，开始触及新媒体领域，希望借助网络媒体的力量加强传统媒体的影响力，而媒体基础设施的建设是关键所在。科伦坡"莲花塔"项目将带动更多的技术人员对斯里兰卡的媒体进行援助、交流经验。不同于中国有微信和微博，斯里兰卡国内并没有成熟的社交媒体平台，在将信息投入到其他社交平台时也很谨慎，中斯两国在这方面的合作尚存在较大空间。中国可以将社交媒体的运营经验分享给对方，同时提供网络技术的援助。

在未来，会有更多专业的翻译人员负责译制两国优秀的文学、影视、音乐作品，在不改变原本意义的基础上，结合当地民众的文化习惯，将双方的作品准确地传达给民众。由于中斯双方签订了如"丝路影视联盟体"和 DTMB 项目协议，媒介内容呈现的方式将更加多元，受众范围也会更广，在建设基础设施和维护技术升级方面就会出现更多的难题，因此对于中国媒介技术的创新也是一个激励。

斯里兰卡在发展新媒体时，受众对于斯国内媒体的移动客户端并非首选，因为部分客户端还在开发当中，这也是可以和中国进行合作的。国产手机因为价格优势在斯里兰卡很受欢迎，所以中国的媒体企业可以乘手机销量之势，帮助斯里兰卡的媒体研发更本土、操作更简便的移动客户端。

技术和渠道的合作除了官方媒体机构的努力外，各广电企业、单位也可以和斯里兰卡的民间媒体组织合作，帮助斯里兰卡制作本土和国际节目，摄制能够丰富展现斯里兰卡悠久历史文化的纪录片和旅游节目。根据一份数据调查，斯里兰卡与中国的文化距离为2.65，在"一带一路"沿线国家中算远距离国家和地区（仅文化层面）。而文化距离会对包括媒介产品在内的其他产品产生影响。尽管文化距离远会增加策略的复杂性，但同时投入文化生产要素互补的可能性，能激发更广泛的合作。两国在共同创造文化产品时，要维持一定的本土媒体人员的构成比例，让斯里兰卡的媒体充分发挥自己的特长，中国的媒体企业可以做技术准备工作，但谨记不过分管理。

目前中国在朝着成为空间大国的目标不断完善和开发技术，斯里兰卡可以借势加强与中国在通信卫星技术领域的合作，以此改善国内电视节目播出质量，扩大播出范围，提高放映效果。中国也希望借斯里兰卡作为核心来扩大能够覆盖整个印度洋的宽带卫星互联互通网络，增加中国在区域性外层空间格局中的主动权。

（二）形式、内容方面的合作方向

尽管中国有很多优秀的电视节目即将翻译成当地语言并播出，但鲜见斯里兰卡本土的节目和纪录片引进到中国。今后两国在媒体领域的合作，可以集中在以下几个方面：首先，在形式上，中国对外宣传要避免"灌输式"的单向宣传模式，要更灵活、更全方位地进行文化的互通交流。不仅仅单向开辟斯里兰卡的市场，或者向当地民众大量灌输中国的形象，还需要敞开胸怀欢迎更多的斯里兰卡媒体进入中国市场，向中国受众"融合性"地展示斯里兰卡的媒介内容。同时，书展、影展作为直观的传播形式也将继续保留。目前，两国正在进行影视合作，两国导演首次合作拍摄一部暂名为《你永远在我身边》的电视剧。

其次，媒体交流可以借鉴"澎湃"团队在2016年的"第六声"项目，即通过外国年轻人的角度讲述中国故事。具体到中斯两国，可以邀请在中国生活的斯里兰卡人和旅居斯里兰卡的华人共同讲述发生在两国民间的故事，以他们的角度向观众塑造一个不同于官方塑造的国家形象。

最后值得关注的是，在对外传播中，坚持母语是正确的策略，但仍需要给当地语言留存空间。在译制过程中难免会发生文化的缺失，即有些词汇和语法仅限于在本国文化下适用，更何况僧伽罗语和泰米尔语在中国算是小语种，而中文对于斯里兰卡民众来讲也是冷门的，因此如何提升语言在对方受众心中的吸引力和准确性，将成为未来两国媒体交流合作时需要思考的问题。

总体上讲，两国媒体之间还存在很大的合作空间，相关领域的合作正稳步地展开，媒体人员交流、媒体基础设计建设和媒体内容制作将成为未来发展的重点。在"一带一路"构想的框架下，双方持续媒体合作是共赢的：对斯里兰卡来讲这是一个千载难逢的能让更多国家了解自身文化、扩大受众群体的好机会；对中国来讲更是一个在新时期打破西方媒体妖魔化中国的局面、重塑大国形象的勇敢尝试。今后的研究可以更集中在具体的媒体项目上，或聚焦在单一媒体的发展上，通过调查数据总结即时的状况，提出更准确的发展策略。

第四节 "一带一路"建设中的媒体使命

在"一带一路"建设中，媒体的作用不可缺失，尤其是在全球化和信息化时代，媒体已经不仅仅是单纯的新闻记录者，它应该成为社会进步的推动者。本节探讨了媒体如何在这一伟大工程中担负起报道者、参与者、思想者的三重使命，特别介绍了中央人民广播电台立足广播行业，在讲好丝路故事、建好合作平台、当好丝路智库方面所做的努力。

"一带一路"建设，媒体责任重大。今天，世人了解并认识千年古丝路的辉煌，是从司马迁的《史记》、班固的《汉书》、意大利马可·波罗的《马可·波罗游记》、摩洛哥伊本·白图泰的《伊本·白图泰游记》等众多先贤的精彩记录中读到的，记录让历史变得可读、可歌、可传承。今天的"一带一路"建设比古代丝绸之路范围更加广阔、影响更为巨大、意义更为深远，媒体理应写出更美的篇章、做出更大的贡献。

笔者认为，正如今天的"一带一路"已远远超越古代丝路一样，当代媒体也已经不仅仅是单纯的新闻记录者，在"一带一路"建设中，媒体应该担负起报道者、参与者、思想者的三重使命。

一、媒体要做优秀报道者，讲好丝路故事

这是媒体在"一带一路"建设中的首要分工和使命。

"一带一路"倡议是中国国家主席习近平在 2013 年秋天访问哈萨克斯坦、印度尼西亚两国时提出的。倡议提出四年多来，得到了国际社会的高度认同和响应，100 多个国家和国际组织积极支持并参与"一带一路"建设，联合国大会、联合国安理会等重要决议也纳入有关"一带一路"建设内容。目前，"一带一路"建设正在取得多领域、多层次的丰硕成果。

媒体作为时代记录者，与"一带一路"建设这样一个人类"共商、共建、共享"的伟大实践相遇，毫无疑问，首先应做忠实的记录者，充分讲好丝路故事。

从广度上讲，"一带一路"涉及全球众多国家和地区，这些地方每天都上演着众多与"一带一路"相关的精彩故事，"一带一路"是座丰富多彩的"新闻富矿"。从深度上讲，"一带一路"建设的目标是实现"五通"，即做到政策沟通、设施联通、贸易畅通、资金融通、民心相通。这将涉及众多行业和参与者，影响整个社会的经济、政治、文化、生态等方方面面，为媒体的报道提供了丰富的深度内容。从技术上讲，移动互联网时代，交通和通讯更加便捷，媒体的报道手段更加丰富、多样，可以使用文字、图片、音视频等鲜活的全媒体形式报道"一带一路"。这三方面有利条件为媒体讲好"一带一路"故事提供了有力的支撑。

"一带一路"倡议提出四年多来，中外媒体，不管是报纸、广播、电视，还是新兴媒体，都"八仙过海，各显神通"，给目标受众带来了大量高品质报道。笔者 2017 年 11 月 21 日 15 点在百度首页搜索关键词"一带一路"，相关结果达到 1360 多万个，其中大量都是媒体报道。

以广播报道为例，中央人民广播电台（以下简称中央电台）作为中国的国家电台，除了做好"一带一路"建设动态新闻报道外，还注重发挥广播特色，推出多种"一带一路"报道拳头产品，受到受众好评。2014 年 2 月，"一带一路"倡议提出不到半年，中央电台即推出大型全媒体系列报道《丝路新春》，在中国之声、经济之声、中华之声、华夏之声等多个广播频道播出，并在央广网推出专题，融汇记者大量访谈音视频，用全媒体形式为广大听众和网友呈现了"一带一路"建

设起步阶段的进展。2015年，随着"一带一路"建设成果越来越多，中央电台倾力推出百集主题采访报道《丝路故事》，在中国之声、经济之声、中华之声、华夏之声、民族之声、藏语广播、维吾尔语广播、哈萨克语广播以及央广网强力推出，声势规模巨大。这些报道以讲故事的方式，追求"新、近、活"，从情感上拉近了与受众的距离，如《为尼泊尔修建通讯基站的中国人》《侨乡泉州海上丝绸之路再启航》《吉尔吉斯斯坦留学生马学真的"中国情"》《马来西亚的"厦门大学"》《越南留学生阿勋的三个梦想》《通往欧洲的货运快铁》等众多报道给人留下了深刻印象，受到了听众和网友的高度评价。

不仅如此，中央电台还发挥广播直播优势，从2015年到2017年连续三年推出"'一带一路'进行时"系列大型直播，直播团队先后走进福建泉州、陕西西安、新疆乌鲁木齐、甘肃兰州、湖南长沙、广西北海、浙江义乌、内蒙古满洲里等全国20多个特色城市，介绍当地"一带一路"建设最新成果，回答听众的相关问题，节目生动活泼，可听性强，取得了很好的传播效果。

二、媒体要做积极参与者，建好合作平台

做好报道者只是媒体的基本使命。在完成这一使命的前提下，媒体更要做好参与者，主动汇入"一带一路"建设大合唱之中。具体来说，就是要做好两件事，一是搭好"合作舞台"，二要做好"合作产业"。

"一带一路"建设的重要内容之一是民心相通。所谓搭好"合作舞台"，是指除了通过新闻报道推动民心相通，媒体本身的对外交往合作也应是民心相通的一部分。媒体可以通过开展人文交流、媒体合作等多种方式，来增进彼此的了解和沟通，推动民心相通。四年多来，"一带一路"沿线国家媒体早已经行动起来，建立起了多种多样的相关合作机制，如采用高层互访、业务研讨、联合采访、合办活动、人员培训、技术协作等形式，大力推动媒体之间的深度合作。这些都已成为民心相通的重要组成部分。

这其中最有代表性的是人民日报社举办的"一带一路"媒体合作论坛。"一带一路"媒体合作论坛从2014年首次举办，到2017年已经是第四届。目前，这一论坛已成为中国媒体主办的规模最大、参与国家最多、参会外媒最多的全球性媒

体盛会。通过这一合作机制，参会各国媒体围绕"一带一路"建设中的媒体合作达成一系列重要共识，签订了一系列合作协议，对于推动各国经济优势互补、政策信息互通、文明传统互鉴，发挥了重要作用。

再如，为了让全世界读者更好地了解"一带一路"，新加坡《联合早报》发挥新加坡作为东西方世界交互点的优势，与新加坡工商联合总会合作，在2016年3月8日开通了"一带一路"专网。这个专网成为东南亚地区第一个以"一带一路"为主题设立的综合信息平台，成为"一带一路"民心相通的桥梁。

中央电台则立足广播行业，为推动"一带一路"中外广播行业合作做了大量工作。2015年，中央电台在北京主办"一带一路广播随行"国际论坛。参加论坛的共有阿富汗、柬埔寨、印度、伊朗、哈萨克斯坦、土耳其等24个来自"一带一路"沿线国家的广播机构代表，以及中国17家相关省级广播机构代表。论坛对共建"一带一路"中的广播合作展开了深入研讨，与会代表认为，民心相通是"一带一路"建设的根基，广播作为重要而便捷的传播平台，是联通各国听众的桥梁和纽带。

另外，中央电台还积极运用亚洲—太平洋广播联盟、全球华语广播网等合作机制，有的放矢地推动与"一带一路"相关的广播合作，起到了很好的效果。如2016年，亚洲广播大会在北京举行，这次大会由亚洲—太平洋广播联盟主办、中央电台承办。会上，中央电台台长阎晓明做了题为《共建"一带一路"上的媒体合作之路》的主旨发言，就推动和加强"一带一路"沿线国家间广播合作提出倡议，受到了与会代表的积极响应。全球华语广播网是全球华语电台交流协作平台，到现在成员台已经接近40家，遍布世界五大洲，"一带一路"倡议自提出以来，这一合作机制也成为"一带一路"民心相通的"声音舞台"。

媒体积极参与"一带一路"建设的另一个抓手是做好"合作产业"。媒体具有文化产业属性，所谓做好"合作产业"，就是按照市场经济规律，在人文交流的基础上与相关国家媒体进行媒体产业和贸易合作，在相关项目上共同经营、共同赢利，让参与者更有获得感，使媒体间合作进入"五通"中的"贸易畅通"层面。目前有很多媒体都在进行这方面的努力，一些先行者已经开始取得成果。

以版权交易为例，据国家新闻出版广电总局统计，2014年以来，中国与"一带一路"沿线国家版权贸易量保持高速增长，年均增幅达到20%，中国版权贸易总量比重由 2014 年的 5% 提高到 2016 年的 15%。再比如产业合作，2013 年 11 月，安徽新华发行集团与新加坡友联书局共同出资创立了新龙图（新加坡）贸易公司，并共同在新加坡打造文化电商网站"来买网"。目前，"来买网"已经成为东南亚最大的中文文化电商平台，为新加坡、马来西亚等东南亚地区华人搭起了一座了解中国文化的桥梁。这都是新闻出版行业进入"一带一路"建设"贸易畅通"环节的优秀案例，值得其他传媒机构学习与借鉴。

三、媒体要做深刻思想者，当好丝路智库

凡事预则立，不预则废。"一带一路"建设前景广阔而美好，但"一带一路"建设参加国家多、涉及面广，工作千头万绪。因此，在建设过程中也必然会面临一些挑战、困难和问题，不会一蹴而就，也不可能一帆风顺。这就需要媒体发挥自身优势，做"一带一路"建设进程中的瞭望者和思想者，加强对"一带一路"建设的前瞻性研究，善于从媒体的视角发现问题，推动困难和问题的解决，当好丝路智库。

从宏观上说，"一带一路"建设覆盖地域广，沿线国家经济、政治、文化、社会、生态千差万别，各国发展水平参差不齐。如经济层面，沿线既有发达国家，也有发展中国家。政治层面，既有资本主义制度国家，也有社会主义制度国家；既有"总统制""议会共和制"国家，也有"君主制""君主立宪制"国家。文化层面，各国文化传统不同，信仰不同。社会层面，有的国家尚处于社会转型期，社会矛盾冲突较多。这些都显示了"一带一路"建设的复杂性，需要媒体精准研究，认真分析，冷静把握，通古今之变，成一家之言。

从微观层面上说，在"五通"中的一些具体合作项目和建设工程中，也可能面临着这样或那样的问题，需要记者在实地采访中及时发现和反映。

新闻媒体的特性，决定了它与政府部门、工厂企业、社会团体、高等院校、研究机构等都有密切往来和合作，接触范围广、了解行业多，各方面信息灵通。媒体可以充分发挥这一特长，在"一带一路"建设中，整合各类采访报道资源和研究资源，紧紧围绕"一带一路"建设中的核心问题和突出现象，聚焦"一带一路"沿线国家面临的各种挑战和关切，为推进"一带一路"建设提供具有媒体特

色的解决方案和智力支持，成为"一带一路"不可或缺的媒体智库，为"一带一路"建设贡献应有的力量。

第五节 "一带一路"媒体话语中的文化表达

"一带一路"倡议是对"中国梦"精神的继承和具体实现方式。在"一带一路"背景下媒体话语承载着向外界介绍中国特有文化及其内涵、重塑中华文化名片的重任，对媒体话语中的文化负载词的翻译成为对外宣传中国传统文化和"中国梦"精神的重要支撑。文章从媒体话语中的中国文化喻体关键词的定位和对中国文化特色表达式的结构安排入手，对部分文化负载词的现行翻译手法进行剖析，指出文化喻体的翻译重在保留隐喻认知模式，而在表达式的结构方面可以根据中文表述习惯选择相应的翻译策略，以直（音）译或直（音）译加阐释为主。

文化词汇具有国别性、民族性、地域性，是对事物的认识方式、价值判断、历史典故、生活经验等方面在语言中的体现，体现了由一系列价值观念、态度取向、行为方式和生活方式组成的文化场域的历史沉淀及深层认知构建。汉语中文化词汇的种类和数量尤其庞大，如常用的典籍、四字词、歇后语以及具有中国特色的表达式等，这些高度浓缩的语义整体，是中国文化特有的浓缩和沉淀。这些负载着文化含义拥有文化喻体的词汇在中国提出"一带一路"的倡议中多有体现，成为传播中国传统文化和"中国梦"精神的重要途径。因此，"一带一路"对外宣传的媒体话语承载着向外界介绍中国特有文化及其内涵、重塑中华文化名片的重任，对媒体话语中的文化负载词的翻译就成为对外宣传中国传统文化和"中国梦"精神的重要支撑。"一带一路"作为对"中国梦"精神的继承和具体实现方式，其媒体宣传话语中的中国文化喻体关键词值得关注。文化喻体关键词的翻译不仅具有文化内涵的独特性，也应考虑其宣传推广的主导方针。本节以国家发展改革委、外交部、商务部于 2015 年联合发布的《推动共建丝绸之路经济带和 21 世纪海上丝绸之路的愿景与行动》（"一带一路"倡议）一文中的中英文对照译文为例证来源，讨论"一带一路"媒体话语中的中国文化喻体关键词翻译策略。

一、中国文化表达式

"文化负载词"是指语言系统中最能体现语言承载的文化信息，反映人类社会生活的词汇，反映语言文化的系统性差异以及词汇的语别特征。陈海燕提出"中华思想文化术语"这一概念，将其明确地定义为："固化为一定形式的，由中华民族主体所创造或构建，凝聚、浓缩了中华哲学思想、人文精神、思维方式、价值观念的概念、命题和文化核心词"。本节将包含文化负载词的中国文化喻体关键词和中国特有的表述形式统一称之为中国文化表达式。这些文化表达式的共同特征是语义高度精练、隐喻程度高，具有较强的不可译性。

从语义的精练度来看，汉字虽然在 20 世纪经历了"文言文—白话文"的演变及汉字的简化改革，由单音节词向双音节词改变，但总地来说，汉语仍是凝练的语言，字面相对简单，语义内涵却丰富饱满，典型的如包括成语在内的四字词、典籍用语、歇后语等。因此，必须在相关语境中仔细推敲领悟原文的内涵，并如 Nida 和 Taber 所说，"用最自然、切近的译入语再现原文信息"及其文化意象、文化内涵。

从隐喻程度上看，为了使描述的事物鲜活生动，表达简洁有力，汉语常常用一种事物暗喻另一种事物。由于喻体在语言传播过程中被广泛接受，其含义逐渐固化为一种文化形象，隐喻程度较高。在文化表达式的可译性方面，不同语言背后呈现的是不同的文化习惯，即由于历史、文化、习俗等原因在特定文化场域中形成的"思维习惯和行为习惯"，很多汉语文化词汇是通过抽象提炼概括出具象或具事的内在含义，并将其所指及含义在语言使用传播过程中固定下来后形成的习惯表达，因此在翻译这样的文化喻体关键词时，便具有较强的不可译性，这种不可译性主要体现在语内和语际两个方面。

在源语言内部，必须注意到语言本身不是一成不变的，无论是词义的内涵和外延，还是语言表达形式，都处于动态变化之中。某些文化喻体关键词在数千年的语言演变和文化传承的过程中，语义范围逐渐扩大，在原始意义的基础上形成多层意义，在源语本身就存在多个诠释文本。而一些术语甚至在学术界都没有统一、规范的定义。王国维对此就颇有感触："若译之为他国语，则他国语之与此语相当者，其意义不必若是之广，及令其意义等于此语，或广于此语，然其所得应用之处，不必尽同，故不贯串不统一之病，自不能免。而欲求其贯串统一，势不能不用意义更广之语，然其语意愈广者，其语愈虚。于是古人之说之特质渐不可见，所存者其肤廓耳。"另外，一些文艺方面的术语不仅是不同时期文学家的个人心境和感悟，对于读者而言，也是"只可意会，不可言传"的个人感知和阅读体验。

在语际转换方面，很大一部分文化喻体关键词在目的语中找不到意义相符的对应词，甚至在目的语文化中都没有对应的文化标的，即语义空缺现象较为普遍，文化的差异性所带来的语言符号的陌生化（文化信息缺失）和异质化（交流的文化之间存在相对的文化标的，但不一致，存在非对应性）导致在对文化喻体关键词进行翻译的过程中不可译因素增多。

二、媒体话语中的文化喻体关键词翻译

翻译是一种跨文化交际活动。在传统文化传播的过程中，更多的是弱势文化中的译者主动将强势文化译入自身文化当中。然而，在互联网时代，话语表达式的可能性进一步增加，"一带一路"媒体话语中的中国文化喻体关键词的宣传和推广是建立在"中国文化走出去"的基础之上，其翻译应当同时体现中华文化的复兴与各种文化平等共存的理念。

在 Bassnet 和 Lefevere 归纳的三种翻策略模式中，贺拉斯模式（Horatian model）和施莱尔马赫模式（Scheleiermacher model）对文化喻体关键词的翻译策略选择有很大的启迪作用。前者认为"译者倾向于忠实于他／她的客户，即目标读者"；而后者则"强调为目标读者保存源模式的异他性"（the alterity of the source model）。"一带一路"倡议作为实现"中国梦"的有机组成部分，决定了其媒体宣传话语的翻译有两个任务并实现相应功能：一是介绍功能，将中国文化及其特有视角介绍给世界，让世界了解中国；二是提升功能，通过媒体话语的推广，能够有效地提高中国文化理念在国外的接受度，扩大中国文化的影响力。

因此，如果为汉语所独有的文化喻体关键词进行全息翻译（保留译文读者完全陌生的文化喻体加上解释性翻译）在一定程度上为译本读者获取深层次信息、了解与自身文化相异的文化提供了可能性，更能提高读者对译本的兴趣和喜爱度，

从而加速汉语文化的传播。就这一维度而言,应采用施莱尔马赫模式,保留源文本的"异他性"。相反地,贺拉斯模式翻译策略指导下的译文更贴近译入语的语言习惯,能够让读者产生熟悉感和亲切感,易于读者接受。在对文化相关表达式翻译策略的讨论中,部分学者认为汉译英是弱势文化向强势文化的输入,当涉及文化关键词的翻译时,应该采用归化策略,即直接将文化关键词进行归化处理:或是改变文化喻体,或是直接省去文化喻体,用阐释性的文字对文化喻体的深层含义进行解释说明。然而,对文化意象的翻译也被视为重要的文化博弈。另一部分学者则指出不能将中国文化典籍完全地现代化和西方化,因为中华文化作为一种特殊的文化系统,其种种精义已被封闭在其疆界之内。在翻译过程中,应将文化介绍功能提升至重要地位,否则译犹未译。但值得注意的是,不管是接受美学还是读者反映理论,都是站在译文读者视角阐释整个翻译活动,对源文本和译者因素有所忽视。因此,源文本的目的性和译者的权利及主观能动性就应当在协调这两种模式之时得到体现。

很多文化词汇因为语义来源的本土化使得它们只在本节化中存在并被理解,能指所指以及能指所指间的相互关系对于其他语言、其他文化来说是完全陌生的。

例1. 千百年来,"和平合作、开放包容、互学互鉴、互利共赢"的丝绸之路精神薪火相传,推进了人类文明进步……

在本句中,"薪火相传"一词在《庄子·养生主》一文中便有记载,指"穷于为薪,火传也,不知其尽也"。原意是即便柴烧尽了,火种仍然可以留传,古代用这个词比喻形骸有尽而精神不灭,而后用来比喻学问和技艺代代相传。在有道电子词典中查找"薪火相传"一词的英译,会看到有"1.Pass the flame;2.Passing the torch;3.Pass from generation to generation;4.Circle of fire"等翻译版本,在"一带一路"的宣传介绍官方译文中,译者采用了意译的策略,将该句译为:"For thousands of years, the Silk Road Spirit–'peace and cooperation, openness and inclusiveness, mutual learning and mutual benefit'-has been passed from generation to generation, promoted the progress of human civilization."

官方译文为了突出新的海上丝绸之路与古丝绸之路之间的内在联系,采用了精神上的传承这一抽象意义,而去掉了与具象的 flame 相关的意象。与此同时,部分文化词汇由于在宣传过程中负有体现中国特色、推广中国文化的功能，在翻译的时候可以选择保留具体喻体，如：

例 2. 推动共建丝绸之路经济带和 21 世纪海上丝绸之路的愿景与行动。

Vision and proposed actions outlined on jointly building Silk Road Economic Belt and 21st-Century Maritime Silk Road

在例 2 中，"推动共建"和"丝绸之路"都是具有中国特色的四字表达式，但在翻译手法的选择上却不尽相同，前者因为并非该句的核心文化载体，为了减轻读者的认知负担，避免使用译文读者不熟悉的表达式，因此仅保留了中心词"共建"（jointly building）。但"丝绸之路"是整个社会事件得以存在和进一步推行的前提，是由中国提出的"一带一路"倡议的基础，其在整个社会事件中具有不可动摇的核心地位，因此，必须如实地翻译并保留文化喻体。"丝绸之路"，简称丝路，一般是指陆上丝绸之路，广义上看又可以分为陆上丝绸之路和海上丝绸之路，是连接古代中国与中亚、西亚，并连接地中海各国的陆上通道的总称，其最初的作用是运输中国古代出产的丝绸，后来发展成为对外交通贸易和文化交往的主要渠道。古代中国是丝绸最早的发明者与使用者，将丝绸之路直译为 silk road 能够体现中国特色，推广中国传统文化。而丝绸之路经济带（Silk Road Economic Belt）和 21 世纪海上丝绸之路（21st-Century Maritime Silk Road）两个概念都是在这一核心概念基础之上时间和功能概念的叠加，因此也采用了直译的方式进行处理。

在文化喻体关键词的翻译中，最重要的是处理好对文化喻体的翻译，即为了更直白清晰地理解另一事物，或出于修辞的需要，所举出的具有明显特征的熟悉的事物、形象。文化、传说、习俗等使人们通过联想将具有相似性的两种事物联系起来。带有文化喻体关键词的典故类成语采用何种翻译模式，很大程度上是由可预测的读者接受度、文化传播的目的（在某些情况下与话语权相关）及译员行动主体性等因素共同决定的，不可一概而论。同时，文化喻体也有一般文化意象和典型文化意象之分，一般文化意象属于非典型性文化场域，可以改变或舍弃文化喻体。而典型文化意象则需要予以保留，为保护和发展特定文化场域起到了推广的作用。作为意义表达的主要符号系统，语言本身就具有包容异质文化的能力，因此对于中国文化喻体关键词，可以采用基于同一准则下的多样化的翻译手法，重点在于对文化喻体内涵及其对应的隐喻认知模式的保留。

三、媒体话语中的中国特色表达式翻译策略

Newmark 和 Peter 在其语义翻译理论中指出:"译者在目的语语言结构和语义允许的范围内,把原作者在原文中表达的意思准确地再现出来。"除了在词汇层面对具有中国文化喻体的关键词进行有选择地全息翻译之外,在小句排列结构方面也应做到兼顾中式表达特色,如:

例 3. 中国政府倡议,秉持和平合作、开放包容、互学互鉴、互利共赢的理念,全方位地推进务实合作,打造政治互信、经济融合、文化包容的利益共同体、命运共同体和责任共同体。

The Chinese government advocates peace and cooperation, openness and inclusiveness, mutual learning and mutual benefit.It promotes practical cooperation in all fields, and works to build a community of shared interests, destiny and responsibility featuring mutual political trust, economic integration and cultural inclusiveness.

在源文本中,有三处具有中国特色的话语表达式结构,一是"和平合作、开放包容、互学互鉴、互利共赢",重点强调国与国之间的关系,译文用了"peace and cooperation, openness and inclusiveness, mutual learning and mutual benefit"这样对应的并列名词性短语结构来体现语言结构特色和地位的平等;二是"政治互信、经济融合、文化包容"译文也直接译为带限定成分的名词性短语"mutual political trust, economic integration and cultural inclusiveness"对应中文的偏正短语结构;三是"利益共同体、命运共同体和责任共同体"这样的语言安排强调利益、命运和责任的一体性,所以将"共同体"提取为共用表达,译为"a community of shared interests, destiny and responsibility"。与之类似的还有:

例 4. 抓住交通基础设施的关键通道、关键节点和重点工程。

We should focus on the key passageways, junctions and projects.

汉语以字为基本意义单位,工整的四字词是中国式简要表达的主要载体,但在英文中却很少能够以词对应,除例 3 以结构排列进行对应外,增译也是一种针

对非典型中国文化表达式的有效方式，如：

例5. 以政策沟通、设施联通、贸易畅通、资金融通、民心相通为主要内容，重点在以下方面加强合作。

They should promote policy coordination, facilities connectivity, unimpeded trade, financial integration and people-to-people bonds as their five major goals, and strengthen cooperation in the following key areas.

在例5中，可以看到，中文政策性表述通常以祈使句为主，缺少主语，且多以具体项目罗列为主，而在翻译过程中，考虑到译文读者的接受度，按照英文习惯增补了主语（they，their）和总结性数字（five major goals），使行文结构更加清晰。

总的来说，中国作为"一带一路"的发起人和倡导者，其态度的话语表征也通过对媒体话语的翻译传达至各个相关国家。在对媒体话语中的中国特色表达式进行翻译的过程中，可以采取以下几种翻译策略：

（一）文化表达式直译

传统的东方文化（如中国文化、阿拉伯文化、印度文化等）在西方人眼中是充满异国情调的。复杂精美的比喻和句式结构，如同东方精巧繁复的雕塑与建筑，成就了东方语言的独特魅力。在面对极具东方文化色彩的表达时，采取文化喻体直译的手法可以保留原语意象，迥异于英语常规的搭配方式将审美对象"陌生化"。对于中国文化背景先在知识不足的他语读者而言，经过陌生化处理的文本是一个充满着各种潜在因素的结构框架，有待读者在阅读活动中加以具体化和充实化。形式上认知难度的增加，弱化了"能指与所指之间"符指过程（semiosis）的透明度，延长了译文读者的审美过程，对于非汉语读者来说，是新奇有趣的，能激发阅读兴趣，增加阅读享受。文化喻体直译，不仅能超越译文读者的期待视野，满足读者对异域文化的探索心理，还能在一定程度上填补源语与目的语之间的文化差异。因此，文化喻体直译的翻译手法尤其适用于源语与目的语中的对应词的喻体形象、字面意义和比喻意义相同或相似，能在读者中引起相同的联想意义。某些文化词汇本身就直观形象，通俗易懂，再加上语境的烘托，其含义很容易准确地传递给读者。

（二）文化表达式直译／音译＋解译／注释

对于容易引起歧义从而导致理解误差的中国特色表达式，则不宜采用此种方法，而应在其后加注，对其内涵意义进行进一步的阐释和说明。对于这样的词语翻译，文化喻体直译和内涵解译两部分缺一不可，因为这些成语中的文化喻体有多重含义，对内涵意义进行限定性阐释，这样的解译是"译者根据原文的语境和文化背景知识给予寓意提示，是追加出来的文化内涵信息"。

在体现形式方面，Appia 指出："在翻译文本的过程中采用添加脚注、注释、评注等方法，以便将文本置于具有丰富文化内涵的文化和语言语境中，进而使被文字遮蔽的意义和译者的意图相融合。"因此，注解可体现为文内插入内涵解释，加脚注或尾注。解译的过程在客观上对源文本中的隐含信息进行了译者视域的明示化处理，帮助译文读者排除语义干扰，这样的翻译策略可以更清楚地体现原作者的真实意图和具体态度，适用于直译易引发理解失误的情况。但这种方式在"一带一路"的背景介绍文本中多有出现，在本节所选语料来源中较少出现，因为该文本为正式的说明文语类，本身就控制了具有多种语义可能性词汇的使用。

除此之外，随着中国软实力的逐步增强，中国文化话语权也进一步提升，体现为音译或"音译＋解译"的翻译方式日渐增多，如"Yin"（阴）、"Yang"（阳）、"Dao"（道）等具有中国哲学意象的抽象词汇或是指代有中国特色的具体词汇。这些词汇的音译能够促使译文读者对具有文化特色的表达式进行整体接收，并通过加注的方式进行理解，有利于中文表达习惯的扩大化。因此通过音译，或者音译＋解译的翻译手法也不失为介绍中华文化表达式的有效方式。

"翻译在文化传播过程中，体现出对文化的理解、表达，从而塑造相应的文化形象。正确的理解与表达，塑造真实、客观的文化形象；反之则造成文化的误读、误解，甚至冲突。"文化特色表达式包含特有文化意象和文化象征，"代表了某种文化的精神或其真正的形象"。文化特色表达式实则是隐喻认知模式的一种表现形式，是人类认知事物、表现事物的独特方式。从意义的转换方面来看，文化喻体关键词中的文化负载词是传统文化意象的体现，在省去文化喻体进行意译的同时也省去了隐喻认知结构，转而用平实语言代替，从而损失了其原有的文字表现力和审美情趣，但从语篇目的性来看，所有细节意义的翻译都是为了实现语篇的整体功能而存在的，部分文化喻体的省略能够更好地体现语篇的整体性。因此在翻译过程中不应一概而论，而应当权衡保留文化喻体与凸显文本功能之间的关系再做判断，在实现语篇功能的大前提下选择不同的翻译手法，尽可能地保留其中的文化表达式所独有的文化内涵。中国大力推行"一带一路"倡议的过程，是中国文化与他国文化不断交融的过程，要对中国文化进行推介，媒体宣传文本中的文化喻体的翻译关键还在于保留隐喻认知模式，直（音）译及直（音）译加注的方式基本保留了通过喻体映射本体的隐喻认知模式，应当成为翻译文化特色表达式的主导翻译手法。

第六节　新媒体时代"一带一路"背景下中原文化传播

"一带一路"建设，彰显了中国精神，开启了中国对外开放的新格局。习近平总书记在河南调研时要求"河南要建成连通境内外、辐射东中西的物流通道枢纽，为丝绸之路经济带建设做贡献"，为河南省参与"一带一路"建设制订了目标，指明了方向。河南省制定出台《河南省参与建设丝绸之路经济带和 21 世纪海上丝绸之路实施方案》，将人文与交流合作作为推动"一带一路"建设的重点任务。因此，在"一带一路"建设的背景下，探究中原文化如何适应互联网和新媒体带来的传播生态的新变化，提升中部崛起的软实力，具有非常重要的价值和意义。

一、中原文化对外传播存在的问题

（一）文化品牌影响力有限

提升区域文化影响力的重要抓手是打造优质文化品牌。河南有许多可圈可点的文化资源。文化旅游精品品牌有少林寺、红旗渠、安阳殷墟等，文化村镇品牌有朱仙镇版画村、民权画虎村等，实景剧目品牌有《大宋·东京梦华》《禅宗少林·音乐大典》等。但是从效果上看，仅有"少林寺""太极拳"影响比较大，其他文化品牌在国内的知名度不高，在海外更是鲜有人知。在互联网时代，要让这些富有浓郁地方特色的中原文化在世界上有影响力，必须适应新时代、新特色，充分借助新媒体的力量提升品牌。

（二）传播模式、渠道单一

目前，中原文化对外传播的模式、渠道比较单一，媒体资源和传播渠道没有得到有效的开发。比如以在豫剧中最广为人知的形象花木兰为例，由于理念、传播渠道的局限，我们并没有很好地加以利用。反倒是美国迪士尼公司对花木兰这一角色进行了深度加工，拍成了动画片，票房大卖特卖。中原文化想有大的影响力，必须进行大胆改革，创新思路，拓展渠道，更加适应新媒体时代的传播方式。

（三）文化传播不接地气

河南处于中原腹地，是中华文明诞生的摇篮，有着悠久的文化历史传统。然而，中原历史文化的对外传播，更多停留在学术层面。如何以更加灵活多样、贴近生活、易于被人接受的形式传播中原文化，是一个亟待解决的问题。

二、新时期中原文化传播路径分析

（一）建立品牌体系，挖掘中原文化的丰富内涵

对于中原文化的传播，首先要明确传播内容，也就是对中原文化内涵进行充分挖掘，在洞察之后形成定位，将富有代表性的中原文化元素打造成在"一带一路"建设新时期背景下的文化品牌，依托河南省的地缘优势以及丰富的历史文化遗产优势，讲好河南故事。在此前提下深入开发易于传播并且具有中原特色的品牌内容，进行充分的梳理与整合，创设一套独具特色的中原文化品牌体系。

此外，要对传播内容进行细分，根据"一带一路"沿线国家的风土人情和各地区的实际情况进行考察和调研，归纳总结出受众的特点、喜好、需求，根据不同的传播对象特点，打造个性化传播内容和传播方式，进而提高传播效果。

（二）创新传播模式，充分利用新媒体传播渠道

来自 CNNIC 发布的《中国互联网络发展状况统计报告》显示，截至 2019 年 6 月，中国网民有 8.54 亿，互联网已经成为人们日常生活的重要组成部分。习近平总书记也曾指出，我们必须科学认识网络传播规律，提高用网治网水平，使互联网这个最大变量变成事业发展的最大增量。中原文化走出去，必须借助互联网和新媒体。

首先，在传播手段上应该积极构建媒体融合机制，不仅要借助传统媒体，还要借助新媒体平台的传播渠道，让中原文化的传播覆盖到人们所能接触的各种媒介。

其次，要逐个分析"一带一路"沿线不同国家的传播环境，采取适应当地人习惯的传播策略，尤其是官方宣导和引领方面，要对传播内容进行深度加工，在符合国家战略和时代特色的同时强化统一标志的中原文化传播符号，在内容上要有特色、有创新。

最后，要充分利用数据库和大数据资源，进行充分的受众分析，针对不同群体的不同喜好，以及不同的接受方式，采取有针对性的内容传送，进而达到个性化传播，这样才能达到更好的传播效果。

（三）建立长效机制，搭建中原文化传播新平台

中原文化的传播不仅仅是国家和政府的事情，更是每一个文化工作者以及每个中原地区人民群众共同的事情，不论选择何种渠道利用何种形式，都应该发挥各个群体和层面的作用，并且能够形成良好的长效机制进行贯彻，创造出一个政府引领、企业牵头、全民参与的文化传播阵线。

要充分利用各种官方渠道，如采用组织会议、举办论坛等多种方式，来推广中原文化品牌。同时，也要学会充分借助民间交流来做推广宣传，如采用举办各类展会，有地方特色的电影节、音乐节等方式，积极推进中原文化传播。

（四）依托河南旅游产业优势，多措并举促进中原文化传播

近年来，随着中国进入新的历史发展时期，大众旅游兴起，很多人也想去"一

带一路"沿线国家走走看看。大量中国人出国旅游,在经济上促进了"一带一路"国家旅游业的大幅增长,在文化交流方面也在客观上促进了中原文化的对外展示。河南人民也越来越多地将"一带一路"沿线国家作为旅游目的地,并带出去武术、太极拳、豫剧等中原特色文化。

一是河南应结合历史文化遗迹打造独具地方特色的精品旅游路线。把中原深厚的历史文化和我们的交通优势完美结合起来,欢迎四面八方的游客,直观地感受河南的风采,如登封的武术文化、开封的宋文化、鹿邑的老子文化等。在推广中,要注意结合实际,突出河南特色。

二是河南应整合沿线省市,形成中原文化传播合力。2015 年 5 月举办的 2015 中国(三门峡)黄河旅游国际论坛,探讨如何能够借助"一带一路"发展开辟新市场,开展黄河流域旅游区域合作对话,沿黄河九省市规划特色旅游线路。2015 年 10 月 17 日,由中国 30 余座"一带一路"沿线城市共同组建的"'一带一路'城市旅游联盟"在八朝古都开封宣告成立,为"一带一路"沿线经济社会发展和文化旅游交流开辟了更多可能性。

三是要深入了解"一带一路"沿线国家独特的生活习俗、文化背景等,营造综合性服务体系,包含饮食、生活、旅游、购物等,使得中原文化能够为其带来更为直观而现实的体验。同时,要设计和开发充分反映中原文化特色的旅游衍生产品。

四是多措并举,积极展示中原文化。自 2010 年以来,少林寺武术馆已在澳大利亚、美国休斯敦和俄罗斯圣彼得堡设立分支机构,加快了中原功夫文化在海外进行传播的速度。

毫无疑问,通过对"一带一路"沿线国家历史文化和故事的探索,借助旅游业这个传播中原文化的重要抓手,整合河南的文化旅游资源,开发特色旅游,是中原文化有效传播的基本途径。

(五)大力发展教育与人文交流

中原文化源远流长,积淀深厚。如果想深入理解它,则需要沉浸其中。一方面要吸引沿线国家的人才来到河南实地感受体验中原文化魅力,另一方面要鼓励更多的河南人"走出去"，在各种形式的民间交往中传播中原文化。这将为沿线国家普通民众之间的和谐关爱、积极交流奠定基础。

中共中央办公厅、国务院办公厅印发的《加快推进教育现代化实施方案（2018—2022年）》提出了推进教育现代化的十项重点任务之一就是推进共建"一带一路"教育行动。河南省应尽快制订适应河南省情的具体实施方案，这将从政策上对促进中原文化传播起到极大的推动作用。

首先，构建"一带一路"教育资源信息服务综合平台。制定各种政策吸引外国留学生来到中原，学习武术、太极拳和中医等特色中原文化。同时，通过留学和各专业领域各层次的会议交流，鼓励河南人走出去，弘扬中原文化。目前，河南的留学生人数接近4000人，其中近2/3来自印度、巴基斯坦、尼泊尔、吉尔吉斯斯坦和蒙古国等"一带一路"国家。河南省鼓励省内大学与国外高水平大学开办中外合作办学项目，支持中医、武术、农业等专科学校在"一带一路"沿线国家办学或设立海外分校。郑州大学和河南大学等十几所大学与俄罗斯、印度、白俄罗斯、马来西亚和菲律宾的大学合作组织了多个学校项目来传播中原文化。

其次，通过在"一带一路"沿线国家举办文物展览、艺术演出、学术交流等活动，增强文化交流。2018年春节期间，河南多个文化艺术团体奔赴塞内加尔、意大利、日本等地，为"一带一路"沿线各国奉上一场场充满中国韵味的艺术盛宴，与沿线国家进行文化交流。此外，还可以通过组织拜祖大典和华侨华人中原经济合作论坛等形式扩大中原文化的国际影响力。

最后，关注"一带一路"沿线国家中华裔同胞的作用，把他们作为整合中原文化传播的纽带，形成中原文化传播合力。作为姓氏的发源地，河南具有"根文化"和黄帝故里祭拜仪式的独特优势，不仅可以增强华人华侨的归属感，而且可以将国家和地区有机联系起来。

在新媒体时代和"一带一路"背景下，中原文化交流与传播工作应立足现有条件，开拓思路，努力探索。依托新媒体，搭建新平台，努力传播中原特色文化；通过中欧火车，加快河南货物、服务、人员、文化和沿途国家的交流；通过发现古丝绸之路的故事，整合河南省及周边地区的旅游资源，建设特色中原文化旅游线路；吸引"一带一路"沿线国家学生来到河南学习武术、中医、太极拳等特色文化，派遣河南学生到"一带一路"沿线国家学习语言文化，打造教育和人文交流的平台。我们只有充分运用新媒体手段，结合"一带一路"政策及沿线国家特色，积极探索创新新时代中原文化的全新传播方式，才能使博大精深的中原文化得到有效传播与发展。

第四章 "一带一路"背景下媒体的创新研究

第一节 社交媒体"一带一路"倡议国际传播

"一带一路"倡议自提出以来,取得了让世界各国瞩目的成就,得到"一带一路"沿线国家的赞同。新媒体特别是社交媒体推动全球媒体快速迭代,借助社交媒体平台弥合时空差异,既是改善中国国际传播格局的机遇,也是推动民心相通的机会。

一、社交媒体国际传播新平台

社交媒体是一个去中心的信息网络,扁平化、开放性和平等性是其典型特征。在国际传播活动中,社交媒体成为内容传播的重要渠道,其平台价值不容小觑。2018 年联合国 193 个成员国中,97% 的国家在 Twitter 上有某种形式的官方存在。社交媒体给"一带一路"国际传播提供了新的可能。

(一)民心互通的高速通道

通过社交媒体加强与当地社区与民众的互动,充分利用和整合自媒体、民间基金会等非官方渠道和资源,逐渐淡化对外传播的官方色彩,提升我国对外传播媒体和机构的公信力和亲和力。社交媒体平台实现了不同国家、不同民族、不同肤色的用户彼此直接而快速的交流。社交媒体用户根据自己的兴趣订阅并关注着特定文化的好友,融入特定的意见网络,在观赏好友生活的同时,也分享自己的生活。社交媒体互动不但能推动民间对话,互动过程中形成的用户行为数据可以用来分析识别文化间的壁垒、成见的症结,进而识别"一带一路"舆情风险,成为优化"一带一路"传播的有效工具。

（二）跨文化信息增量传递

社交媒体可以有效推动国际传播中传播主体的多元化。信息的自由流动和用户传播信息能力的提升，提供了不同的文化、不同地区的个体进行直接交流的可能，创造了不同社群和个体连接的机会。这有助于推动文化交流，增进了解，消除误解，促进"一带一路"倡议为沿线国家了解并认同。社交媒体网络由用户根据自己的喜好构建，并且根据用户兴趣动态变化，取代了传统媒体由点到面的中心化信息传播模式。因此，国际传播只要内容、形式、话语选择得当，借助社交媒体平台，通过社群聚合和用户自发的二次传播，容易形成信息增量效应。

二、"一带一路"国际传播创新路径

"一带一路"的国际传播要善于利用社交媒体平台，阐释"一带一路"合作共赢的理念。主流媒体在社交媒体平台上的传播活动要遵循个性化、情感化、碎片化的信息特征。精选叙事手法科学、话语亲和力强、形式精美的传播内容，嵌入社交媒体平台，向目标用户分发，并进而通过用户的分享提升传播广度和深度。

（一）改善话语，情感耦合

"话语提供了人们谈论特定话题、社会活动及社会中制度层面的方式、知识形式，并关联特定话题、社会活动和制度层面来引导人们。"历史与文化演化路径不同，造就了东西方不同的话语体系。融通中外是构建对外话语体系的关键。因此，"一带一路"对外传播的话语要借鉴西方的话语体系，其核心在于对"一带一路"倡议及诉求聚焦特定区域与国别的话语重构，挖掘潜在中外共同认同的内涵。传授之间话语的一致能减少信息的误读，推动受众对信息的同向性解码。重视受众在编解码中的地位，对网络信息立体化的整合是网络传播制胜的关键。

受众情感是影响传播至效的一个重要影响因素。情感能通过大脑的作用机制提升人类对信息的注意。情感能促进信息的有效沟通，情感对人类行为层面的影响作用巨大。因此，话语的表达应该注重情感注入，实现真正意义上的共享。情感是传播至效的催化剂，是一种网络动员的社会资源。基于共同情感的传播活动，更容易跨越不同文化的壁垒，实现互动双方的情感共鸣。因此，改善话语重构"一带一路"故事讲述，提升对话的情感耦合度，是国际传播构建"一带一路"共识的重要创新路径。

（二）做强内容，精准传播

社交媒体上的内容不宜过于宏观，宏观内容距离受众过于遥远，再加上文化差异、地域差异等障碍因素，往往仅仅能够实现传播内容入眼，很难实现传播效果走心。结合传播立意，选择小的切口，将传播立意植入具体而贴近生活的人、事、情中，追求心灵沟通，实现以小见大、润物细无声的效果。恰当的传播内容选择是"一带一路"传播的起点。内容的选择要有针对性，一般而言，历史文化、旅游风光、美食、民风、民俗等元素特别容易引起国外受众的注意。信息讲述方式应鲜活，突出故事性和生活化，淡化主观观点的嵌入，阐释的方式应从受众的角度出发。丰富传播与沟通形式，研究不同国家受众的兴趣偏好，采取受众喜闻乐见的方式，生动地讲出中国故事，让中国形象更立体、全面。基于社交媒体内容碎片化的特征，传播内容应简洁、简短，语言表述应易懂地道。

依托人工智能和大数据综合分析，基于社交媒体大数据挖掘社交媒体用户的兴趣爱好与习惯。基于标签画像和信息的智能推送，可以实现信息对目标用户的主动寻找。充分借助技术手段，精确识别目标国家受众的兴趣点，借助人工智能的智能推荐功能实现目标受众的精准传播。

（三）多维互动，巧借意见领袖

跨文化接触中的直接交往能增强交往双方的好感度。社交媒体为这种直接交往提供了通道和可能性。多维立体化的互动，要求互动主体不但在媒体和公众之间展开，更要在媒体和媒体之间、公众与公众之间、公众和政府之间展开。媒体可以发挥引领和桥梁作用，但主流媒体的社交媒体发声与呈现仅仅是基础，重要的是互动内容要深度化和常态化。主流媒体要跟社交媒体舆论领袖保持良性沟通，通过评论、点赞、转载、活动邀约等形式，借助意见领袖实现传播效果最大化。

"一带一路"倡议是全球治理的中国方案，为沿线国家和地区经济社会发展注入新动力，其被世界接纳的程度，在于民心相通、人文交流等"互联互通"的展开程度。借助社交媒体平台独辟蹊径，通过内容的选择、话语的改善，巧借意见领袖，实现与世界的情感共鸣，是"一带一路"国际传播的创新路径。

第二节 "一带一路"背景下媒体女性形象

传统刻板印象中的女性形象多出现在不严肃的娱乐舞台上。本节旨在分析"一带一路"倡议提出的背景下，媒体对女性形象建构的发展、创新，以及"一带一路"对女性生存发展的积极影响与重要意义。

一、刻板印象与女性形象建构

"刻板成见"是美国新闻评论家、作家沃尔特·李普曼在《公众舆论》中提出的概念。他指出："多数情况下我们并不是先理解后定义，而是先定义后理解。"在认识某一事物时，"我们也倾向于按照我们的文化所给定的、我们所熟悉的方式去理解"，同时，我们也能一眼从喧杂纷繁的外部世界中认出早已为我们定义好的文化。这种导致我们对客观事物理解偏差的系统，就是"刻板成见"。"刻板成见"指的是"人们对某一类人或者事物产生的比较固定、概括而笼统的看法，是我们在认识他人时经常出现的一种相当普遍的现象，通常伴随着对该事物的价值评价和好恶的感情"。

刻板成见是有感情偏见的，李普曼把它称为"作为屏蔽的成见"。人作为一种社会动物，在日常生活中会受到所在社会环境的影响，受到各种价值观念和文化的影响，而每个人所在的社会环境、家庭不同，所经历的事情不同，社会地位、阶级不同，就必然导致不同的刻板成见系统。诚然，刻板成见系统是我们理解事物的捷径，但刻板成见系统一旦确立就很难改变。

媒体中对于女性的刻板成见类型主要有以下几类：一是传统的贤妻良母的女性类型，凸显女性在家庭中的职责。这种刻板成见在广告中居多。女性把照顾家人、做好家务标榜为合格的标准，把丈夫、孩子、老人的赞美看成判定自己优秀的准则。二是男性视角下曲线动人的女性形象。三是职场上的女强人形象，她们有自己独立的思维，在职场上比男性更强势、更聪明。这类女性形象多出现于电视剧电影中，以精明、干练为主要特点，加之较高的社会地位，而媒体有时候也在潜意识地把爱情、家庭的因素掺杂在女强人的经历中，成为判断其是否幸福的重要因素。而在"一带一路"的背景下，媒体对女性形象的塑造又突破了传统的刻板印象，不再拘泥于娱乐化舞台，而更多地把目光放在政治舞台、外交舞台上的女性，使媒体上的女性形象大放异彩。

二、梅莲事迹与《大闹天竺》中的女性形象对比——传统与创新

梅莲被称为"马背上的医生"，出生于 1967 年 6 月，是新疆生产建设兵团农九师 161 团医院副院长。梅莲在偏僻的山区工作，远离城镇、交通不便，有时候出诊只能骑马。梅莲几十年如一日，兢兢业业坚守岗位，被当地各族群众称为"巴尔鲁克山的白衣天使"。梅莲事迹经过光明日报、中国共产党新闻网、中国新疆网多方报道转载，成为"一带一路"沿途耀眼的风景。

《大闹天竺》这部电影讲述的是盛唐集团总裁唐宗突然离世并留下遗训，让他的儿子在穷小子武空的陪同下前往印度寻找遗嘱。和传统电影中女性用美丽的外表和服装吸引观众不同，《大闹天竺》是在异国风情中展现女性阳刚之美。电影里打斗场景很多，女性在电影里并不只是嗔娇柔美的形象。其实随着现代经济的发展，女性地位随之提高，媒体中的女性形象已经大为改观，由传统的依附男性的女性形象转化为与男性并肩战斗，甚至强于男性的形象。这不仅体现出女性地位的上升，还体现了媒体对于女性形象塑造的积极心态。

1973 年，平格里和霍金斯谈到媒介提起女性时有五个等级。第一级：女性被描绘成全然无知的陪衬品；第二级：女性的角色与位置符合刻板印象；第三级：女性被描绘成专业的角色，但最后仍回归家庭；第四级：致力于描绘两性平等蓝图，避免制造刻板印象；第五级：超越两性二元对立的观念，扬弃男女特质定型化的教条观念。以往媒体对于女性形象的塑造偏向前三个等级，而从梅莲事件中我们可以知道，女性已经不再局限于家庭，她们有自己的事业，并且在岗位上发挥了不可替代的重要作用。在"一带一路"沿线题材的电影中，除了《大闹天竺》之外，还有《功夫瑜伽》《越来越窘》等电影，塑造出的女性形象具备多重含义。一方面，

她们有传统女性形象中温柔、美丽、善良等特质,这些特质也是她们能扮演电影角色的重要法则;另一方面,在这些电影中,男女形象的界限逐渐模糊。在《功夫瑜伽》中,男主角一行人做瑜伽;《大闹天竺》中的男主角则男扮女装;《越来越窘》中刘力扬以中性的形象出现在荧屏上。这些都体现了男女之间二元对立的模糊,表现出社会对多元文化的认同。

三、"一带一路"背景下女性形象建构

2017年3月25日,由博鳌亚洲论坛秘书处、中国公共外交协会、中联部"一带一路"智库合作联盟共同主办,主题为"全球化背景下的'一带一路'建设:女性贡献与发展"。可见,在"一带一路"倡议中,女性已成为不可忽视的重要力量。正如于洪君所说:"女性在'一带一路'建设中发挥着重要作用,特别是在'一带一路'众多的投资、贸易、建设项目以及人文交流中展现着巾帼风采。越来越多的女性创业创新者活跃在经济社会发展的舞台上,这些力量将有力推动中国妇女与沿线国家妇女的友好交往和互利合作,也将助推中国与沿线国家的对外交流,实现共赢发展。"

自"一带一路"合作倡议提出后,我国成为"一带一路"的核心。"一带一路"不仅是经济上的合作共赢,也是文化上的传播与融合。"一带一路"经过65个国家和地区,沿线民情复杂、宗教复杂,我国需要用开放包容的心态接纳多种文化。同时,我国优秀的文化也正在通过"一带一路"向国外输出。"一带一路"不仅是经济带,更是文化传播带。在这个背景下,构建新时代的女性形象就成了一种趋势。媒体不再只是将女性放在娱乐事件中,而是增加了其在严肃新闻中的比例。当今世界的发展形势日新月异,我们要顺应全球化的时代需求,加强与其他国家的交流合作,坚持对外开放的基本政策。中国不仅要看世界,世界也在看中国。我们要向世界展现中国女性的传统之美、大气之美、干练之美,展现中国女性的多角度、多内涵之形象。当今许多媒体固然仍注重利用流量来博取受众眼球,获得收益,但这种做法在大时代和大背景下是不可取的,无法长久立足,更无法广泛地传播。"一带一路"对我国传媒行业提出了新的要求,促进了我国文化的对外传播。媒体要用发展的眼光构建女性形象,摆脱早期对女性的刻板印象,为构建女性形象发

挥积极作用。

第三节 土耳其媒体和社会对"一带一路"的认识

中国作为丝绸之路的起点，土耳其作为联结东西方的一个重要枢纽，两者之间的关系在丝绸之路历史上扮演了重要的角色。随着当今世界局势的变化，丝绸之路也以一种新的姿态大放异彩。土耳其以其得天独厚的优势，尤其是特殊的地理位置，让中国的学者和官员都把土耳其放在一个重要的合作伙伴的位置。加之土耳其是世界第 17 大经济体，是各大文明和文化的融合之地，重振东西方的运输走廊又非等闲之举，这些都成为土耳其在"一带一路"倡议中，将做出巨大贡献的潜在因素。土耳其媒体以及其他的包括民间组织对此的态度，也能清楚地说明土耳其在这"一带一路"中的角色，以及"一带一路"将在未来发挥怎样重要的作用。通过对土耳其媒体和社会对"一带一路"态度的研究，分析了"一带一路"在土耳其公众舆论中的地位、支持赞同率以及扩大其战略影响的可能。

目前，土耳其媒体还没有充分地理解"一带一路"倡议。因为在媒体中的宣传不够，也就不能期待社会大众在当下对此倡议做出大力支持。自 2013 年"一带一路"倡议启动至今，在土耳其网络上可以搜索到的与此相关的报道不到 150 条，土耳其媒体没有对此进行充分报道的原因是他们不太了解这个倡议。虽然个别报纸对此倡议做了比较详细的介绍，但并没有引起公众对此问题广泛而持续的讨论。通过土耳其相关媒体的报道，也能看出土耳其方面对此倡议的态度。通过对这些有限的报道进行梳理研究，可以从以下三个方面总结土耳其媒体和社会对"一带一路"倡议的态度。

一、"一带一路"对平衡中土贸易顺差是一个机遇

中土建交始于 1971 年。但是双边关系在最近的 14 年内才得到了迅速发展。而双边关系快速发展的基础则是从 2009 年土耳其总统居尔对华访问开始建立起来的。在双边交往的这 40 年内，虽然在政治和文化方面的交往不多，但是经济和军

事方面的交往还是比较密切的。两国双边贸易额在最近 14 年内得到了迅速增长，2000 年的贸易额是 144 亿美元，到 2014 年就达到了 278 亿美元。基于这个数额，中国成了继德国和俄罗斯之后与土耳其之间的第三大贸易伙伴。根据 2015 年 5 月份的数字，中国成了土耳其的第一进口国。2000 年 ~2014 年间，双边贸易额增长了 19.3 倍，达到了历史最高水平，这个增长带来了土耳其经济的显著发展，而且这个增长还在继续。2014 年中土贸易的顺差达到了 220 亿美元，为了缩小这个差距，增加土耳其对华贸易的出口量就显得极为必要。土耳其的权威人士也多次提出需要平衡这个贸易差距。

"一带一路"倡议带来的经济增长的机遇，也为土耳其扭转贸易逆差的状况带来了新的机会。

因此，在关于"一带一路"的报道中，土耳其媒体和社会都首先认为对土耳其来讲这是扭转贸易逆差的一个不可错过的机会。在土耳其相关媒体报道中，就在人们都看重其带来的经济潜力时，却有土耳其的权威人士在第一时间内指出，土耳其需要在这个倡议中扮演非常积极而谨慎的角色。Ramazan Ta 指出了这个倡议的重要性，并谈到如果把握不好这个机会会出现的危机："如果土耳其对于丝绸之路经济带，海上丝绸之路倡议不给予足够的重视，不及时做好准备，不采取对于土耳其有益的积极创新的政策的话，土耳其的经济从南部和北部都将陷入经济封锁的困境。土耳其经济的优势将陷入这个数目极大、成本极低的进口漩涡当中，当地的农业、工业、服务业、交通、建筑、旅游、金融都将受到极大的冲击，外贸的逆差可能会达到一个不可逆转的程度。"

土耳其 Turgutözal 大学中国研究中心下属的丝绸之路经济带研究组组长注意到海上丝绸之路越过了土耳其，他说："从地图上看海上丝绸之路是通过了地中海，但是这条路却绕过了土耳其直接通向了威尼斯。土耳其应该努力争取让安塔利亚成为海上丝绸之路最重要的驿站。"

土耳其的大型民间组织也认为土耳其应该好好利用"一带一路"倡议带给土耳其的机遇。土耳其工商企业家联合会（TUSKON）中国代表 Kerami Göz 先生注意到这个倡议包括了很多基础设施的投资，他认为："我们相信这个倡议能通过政府间的合作和伙伴关系来实现，这样，在文化、旅游、服务业等行业上，会提供给像土耳其工商企业家联合会这样的一些民间组织各种各样的机会。土耳其工商企业家联合会希望成为'一带一路'倡议在土耳其最给力的合作伙伴。"

二、"一带一路"是发展中土两国文化交流的一个契机

中土之间虽然有着两千多年的交往历史，但就目前来讲两国人民却不甚了解。这种双方间的不了解也会直接影响到双边关系的发展。目前所有双边关系交往当中文化是最薄弱的方面。

习近平曾提到"一带一路"倡议也将发展各国间的文化交流，当然文化交流不会像经济方面的交流那样发展得那么快。在土耳其提到中国时，人们首先映入脑海的是李小龙、李连杰或是便宜的中国货；15 年前在中国的大街上问到土耳其的时候，几乎很少有人知道这是哪里。

但是在最近一些年，通过两国间政府的一些决策，特别是一些民间组织的介入，两国人民也开始互相了解。中土政府宣布 2012 年和 2013 年分别为中国文化年和土耳其文化年后，两国间文化交流有了历史性的转折。那些文化年期间举办的活动所产生的影响一直持续至今，特别是由土耳其文化部支持的、土耳其中国工商业协会（TUCSIAD）和土耳其与太平洋国家友好交流协会（PASIAD）共同举办的"中国 100 名知识分子访问土耳其"倡议，为两国间文化的交流所做出的贡献无疑是让人们无比钦佩的。

作为"一带一路"倡议的一部分，中国诺贝尔文学奖获得者、中国著名作家莫言曾于 2014 年到访土耳其。2012 年诺贝尔文学奖获奖者莫言和 2006 年诺贝尔文学奖获奖者土耳其作家奥尔罕·帕慕克曾在一起进行友好的交谈。土方媒体对于莫言到访土耳其表示出了极大的关注。同时土耳其文化部支持的、土耳其中国工商业协会和土耳其与太平洋国家友好交流协会共同举办的，在上海举行的土耳其文化和美食节也在向中国介绍土耳其文化方面做出了极大的贡献。

这个文化节持续了 3 天，是在中国举办的最大规模的文化和美食节，文化节上还邀请到了身高 2.51 米的世界第一高人 Sultan Kösen，他曾游走于上海街道，吸引了市民的极大关注。同时中国电视台一些高收视率的节目也曾到土耳其拍摄节目，这也在向中国人民介绍土耳其方面扮演了重要的角色。这些电视节目中包

括东方卫视的花样姐姐。通过这个节目，到访土耳其的中国游客出现了明显的增长。当然土耳其单方面开通了对中国商人和旅行者的 5 分钟就可以拿到的电子签证，也为促进文化和旅游方面的交流迈出了重要的一步。

这些活动使每年到土耳其的旅游者都获得明显的增长。1997 年到土耳其旅游的中国人为 13 000 人，2005 年为 44 000 人，2010 年为 77 000 人，2013 年为 139 000 人，2014 年为 200 000 人次，2015 年前 8 个月就达到 220 101 人，这相比往年同期有了 74.75% 的增长率。但是如果相比其他国家的游客，德国是 5 250 000 人次，俄罗斯是 4 479 000 人次，英国是 2 600 000 人次，这样看起来中国游客的人数还是远远落在后面了。从数据显示的情况可以看到从 "一带一路" 倡议正式提出以来，中国游客的数量有了明显的增长。因此，从 "一带一路" 倡议下的文化和旅游交流领域来讲，这个倡议对土耳其的双边文化交流的发展是大好的机会。也正因如此，自该倡议启动以来，双方都在这方面举办了各式各样的活动。

在 "一带一路" 倡议的带动下，以及土耳其各大民间组织的大力推动下，两国间的交往与合作会越来越频繁，也会为两国在文化和旅游方面的交流翻开新的一页，并将进一步推动政府间的合作。

三、"一带一路" 是发展两国战略关系的机遇

"一带一路" 倡议带给土耳其最重要的影响是其将在战略方面的作用为土耳其各界形成的一个共识。2010 年两国间签署了战略合作协议，并拟定了双方在贸易和其他方面的共同目标。但是因为没有进行一些具体层面的合作，双边的战略关系没有达到预期的目标。当然这里面有各种各样的原因，但是 "一带一路" 倡议会成为一个新的支撑点，为双边战略关系实现它的预期目标带来新的机遇。土耳其可以和孟加拉国、印度、阿富汗、巴基斯坦、伊朗、伊拉克甚至叙利亚这些国家通过陆上丝绸之路，发现许多潜在的合作机会，而不是冲突。对于这样一个 400 亿美元的大项目，土耳其当然不能作壁上观。"事实上，在 '一带一路' 框架下，土耳其政府也作为 1000 亿美元资产的亚洲基础投资银行的会员国家参与了这一倡议。因为土耳其在这个银行中占有的份额是 2.52%，除了俄罗斯以外，没有第三个国家的份额超过 5%。从这里也看得出土耳其对此倡议的重视程度"。

　　土耳其和中国的经济结构有很多相似的地方，中国和土耳其都是发展中国家，经济依靠出口和鼓励外国投资，能源方面对外依存度高。

　　土耳其在2011年第三个季度的经济增长速度达到了8.2%，甚至超过了中国，被称作"欧洲的中国"。两国都在近几年成为世界上经济增长最快的国家之一，这些相似的情况推动两国建立了双边战略合作关系。

　　这一倡议在战略方面还有其他的重要影响。首先，它会带来土耳其及其周边国家的经济崛起，也因为这种互相的依赖，可以为地区的和平做出重大的贡献。第二，随着中国经济实力的辐射，中国的地区市场将会扩大，这最终也会增加中国的政治影响力，而对于土耳其来说又是一个新的机会。

　　土耳其作为古老丝绸之路上一个重要的中心，对于中国倡导的"一带一路"，无论从媒体还是社会方面，目前还没有充分了解，媒体没有对此进行详细报道，作为支持这一倡议的亚洲基础设施投资银行的成员之一——土耳其政府，也没有让土耳其公众舆论对此有更多了解。这个机遇不仅有可能让土耳其缩小与中国之间的贸易逆差，可以大力发展两国文化教育旅游之间的交流，也可以为自2010年建立起的中土两国双边战略关系带来新的发展。土耳其可以借这一倡议发展其经济和文化，中国也可以通过土耳其将产品更高效地输送到欧洲和非洲。通过"一带一路"，中国和土耳其在发展贸易、经济和文化合作关系的同时，政治关系也能向更好的方向发展，这样将实现双边真正意义上的战略合作关系。

　　为了让这一战略合作倡议更好地实施，中国首先应该携手土耳其的媒体，尤其是一些非官方的媒体机构，制作与此相关的电影、电视剧、电视节目等，扩大舆论影响，增加大众对这一倡议的了解。其次，中国应该大力开展和土耳其民间组织间的合作，因为土耳其的民间组织在经济、文化等领域拥有非常强大的影响力。在民间的各个领域要开展各种各样的交流活动，让两国人民有更多的机会了解"一带一路"。第三，为了让"一带一路"上的相关国家能够接受这一倡议，媒体是第一扇门，中国可以和土耳其的各大媒体机构一起召开这方面的研讨会，让媒体深入了解这一倡议的重要性，以及它将带来的机遇、潜力、影响等，然后通过媒体向社会大众进行更深入的介绍。可以考虑联合制作或交换节目，进行有效传播。第四，这一倡议的海上丝绸之路部分应该将土耳其南部的海港包括进来，这样土耳其对这一倡议的参与度会提高，也更有益于中土双边各项合作的开展。

第四节　"一带一路"背景下海外华文媒体转型升级

华文媒体遍布世界各地，其新闻触角广泛延伸，在全面、客观报道"一带一路"建设过程中的作用不可替代。但海外华文媒体也面临缺少专业人才、向新媒体转型困难、市场竞争激烈等问题。未来海外华文媒体在转型升级中呈现以下新趋势：一是华语报刊、广播、电视、网络等媒体形态，由各自独立发展转向融合发展，逐步走向融媒体时代。二是海外华文媒体逐渐由单一的地方媒体向多地联动、媒体平台齐备的传媒集团转变。三是由侧重华文内容向兼顾住在国主流语言、关心议题转变，有些还开始与住在国主流媒体开展内容交换、共享发行渠道等合作，进一步凸显本土化趋势。

历史上第一个海外华文媒体是由英国传教士于 1815 年 8 月 5 日在马六甲创办的《察世俗每月统计传》。200 多年来，广大海外华文媒体作为连接中国与世界的独特纽带和桥梁，在维系海外华侨华人与祖（籍）国的情感联系，传承和弘扬中华文化，树立中国良好国际形象，促进中外友好合作等方面，发挥不可替代的重要作用。目前，在世界上近 200 个国家和地区，分布着 6 000 多万海外华侨华人，其中华裔新生代和新华侨华人有 2 000 多万。海外华文媒体分布在 61 个国家和地区，总数达 1 019 家。随着中国在世界范围内影响力的扩大，海外华侨华人在当地社会实力的提升，海外华文媒体的整体实力正在逐步增强。但是华文媒体也面临着向新媒体转型、人才匮乏、经营困难等问题。"一带一路"倡议给海外华文媒体的发展带来新的机遇，海外华文媒体应继续秉承中华优秀传统，在海外传播更多的中国正能量；讲好中国故事，展示中国形象；积极推进传统媒体与新媒体的融合发展，增强影响力；充分发挥自身优势，加强与中国媒体的交流与合作，进一步推动海外华文媒体的新发展。

一、海外华文媒体发展现状及特征

（一）海外华文媒体定义

海外华文媒体是在中国大陆、香港、台湾、澳门以外，以汉字为传播方式的大众传播媒介，包括报纸、杂志、网络媒体、广播、电视以及各种新兴媒体。在不同的发展时期，海外华文媒体的名称也不同。在互联网诞生之前，海外华文媒体以报业为主，一般称为"中文报刊"。1968 年成立的全球华文媒体的行业组织，就叫作"世界中文报业协会"。进入新世纪以后，才广泛使用"华文媒体"或"华文传媒"一词。2001 年，中国新闻社在南京举行第一届全球华文媒体的行业高端论坛——世界华文传媒论坛。该论坛每两年举办一届，已经成功举办九届。目前，主要的海外华文媒体有《联合早报》《世界日报》《星岛日报》《侨报》《欧洲时报》等。

（二）海外华文媒体发展现状

据国侨办统计，当前海外华侨华人总数已超过 6 000 万，分布于 198 个国家和地区。华文媒体更是空前繁荣，世界各地的华文报刊已经超过 1 000 种。此外，包括报刊、广播、电视、网络、新媒体在内的华文媒体的覆盖人口已超过一亿。东南亚华侨华人近 4 500 万，华文媒体诞生最早、规模庞大、市场化程度较高。目前刊行的报纸中就有一部分创办于百年之前。美国华文媒体数量最多，凸显近 500 万华裔群体的庞大需求。在 1970 年以前创办的华文媒体主要集中在东南亚及南美地区。1971 至 1990 年，美加地区开始出现大量华文媒体，占全球同期华文媒体创办总量 44.6%。20 世纪 90 年代，东亚及欧洲华文媒体开始崭露头角，东南亚华文媒体数量则相对回落。除东南亚、北美、南美外，其他地区超过 50% 的华文媒体创办于新世纪头十几年。

郑文标通过收集近年海外发行的共 440 份华文媒体信息，得出海外华文媒体大致分布状况。北美的海外华文媒体最多，达到 103 家，占 23.4%；东南亚的海外华文媒体次之，数量为 93 家；大洋洲、东亚、中欧和西欧的海外华文媒体发展较为迅速，数量均超过 30 家；南美洲、东欧、非洲、南亚、北欧等区域华文媒体数量相对较少。这种分布反映出华侨华人聚集情况和市场需求，即华侨华人越集中的国家和区域，对华文媒体的需求越大，相应的国家和区域的华文媒体数量越多。

（三）海外华文媒体发展新特征

传播介质深度变革，交互融合。华文报刊、广播、电视、网络等媒体形态，由各自独立发展转向融合发展，逐步走向融媒体时代。东南亚华文媒体开始积极探索新的媒介形式。在泰国，规模庞大的华人读者群推动着泰国华文媒体的加速转型，逐渐形成了报纸、电视台、网站与社交媒体、移动客户端等融合发展的业态；马来西亚的传统华文媒体保持强势，新媒体从传统媒体借力，形成了报纸成就网络、网络巩固报纸的良性互动。美国华文媒体纷纷着力发展融媒体，《侨报》等在原创视频、大数据、受众互动和自媒体平台等方面发力，一些本地的华语电视台形成了"传统电视＋图文网站＋网络视频"的综合体。在欧洲，华文媒体充分利用新媒体的技术，在人力、内容、推介等多方面整合传统媒体与新媒体各自的优势，增加竞争力。《欧洲时报》逐步向融媒体发展，初步形成了集纸媒、网媒、移动客户端、微信公众号、微博、微视频等于一体的发布平台。在澳大利亚，华文媒体正在走向集团化、多媒体共融的新发展道路，以集团的力量同时经营广播、电视、报刊、网络、客户端等多种媒介平台，资源共享，相互支持。拉丁美洲传统华文媒体纷纷开办网站，微信公众号、微博以及音视频等业务。在非洲，华文传媒集团融合报纸、杂志、广播电台、电视台、网站、影视等多种媒介，横跨中文、英文、茨瓦纳语、斯瓦希里语等多个语种，是当地首屈一指的华文媒体。

境内外华文媒体互联互通。伴随中国经济社会发展和国力的提升，中国海外新移民的增加和"华二代"、中国留学生、海外游客的规模扩大，使得华文资讯传播在海外的价值得到了提升。在此背景下，境内外华文媒体的互联互通更加深入。最近几年，中国中央电视台和各大卫视与一些北美、亚洲等地的本土卫星转播公司合作，在多个国家落地。广东、福建、浙江部分报社、广播电台、电视台与东南亚华文媒体签订交流协议，向其提供地方经济发展和文化建设的信息，甚至免费制作反映地方乡情的版面，密切华人与家乡的联系。2016年，《海丝商报》在福建南安创刊，并同步推出《海丝商报·菲律宾版》《石狮日·菲律宾版》。此外，美国部分报刊与中国媒体合作，不仅降低了营运成本，更提高了内容的深度和广度。加拿大近年成立了多个中文记者协会，组织众家媒体互访交流，并代表华文媒体和其他族裔媒体展开交流。

海外华文媒体的影响力逐渐提升。一是近年来海外华文媒体在新闻传播事件当中的话语设置能力正在不断提升，反映出华文媒体的影响力正在逐步地提高。在这一系列报道中，华文社交媒体充分发挥草根化、互动化、社交化的特点，成为华人互助声援、争取权益的推手；而传统华文媒体则为呈现事实、追踪真相、引导舆论奠定了坚实基础。二是当地主流社会对华文媒体越来越重视。不少美国知名企业、媒体和制作公司开始与华文媒体合作。例如，海外华文媒体"鹰龙传媒"近年来就联手美国多家知名国际品牌制作了大量的华语节目，其中包括联手美国最大的银行大通银行（Chase）制作了服务美国华裔的系列节目——《安居美国》。大通银行还专门配合节目推出了针对首次购物者的优惠计划以及为来美创业的听众提供的小额商业贷款计划。三是进一步融入主流媒体。近年来，海外华文媒体主动融入主流媒体，甚至尝试收购主流媒体为华侨华人发声。印尼《国际日报》报业集团在北美地区收购26家主流媒体的小报，同时与《洛杉矶时报》合作开辟中国专版讲述中国城市故事，并计划在《纽约时报》设置相关栏目传递中国声音。越来越多的国际主流媒体如CNN、路透社等在报道与中国有关的事件时，选择采访甚至直接采用华文媒体的报道。此外，海外华文媒体还斩获一些知名度较高的新闻专业奖项，例如《环球华报》等华文媒体曾获加拿大英属哥伦比亚省的杰克·韦伯斯特新闻奖。

二、海外华文媒体转型升级的新机遇

（一）"一带一路"建设创造了巨大的新闻需求和读者群

华文媒体遍布世界各地，其新闻触角广泛延伸，在全面、客观报道"一带一路"建设的过程中，必有大作为，迎来大发展。

"一带一路"倡议为海外华文媒体提供庞大的受众群体。"一带一路"建设蕴含丰富的素材和话题，为华文媒体提供了难得的发展机遇。随着"一带一路"建设的逐步推进，国际产能合作有较大空间，合作国之间需要深入了解的诉求较大。一方面中国企业需要了解合作国的发展情况、商业规则和投资需求；另一方面，国外相关企业也迫切需要了解中国方方面面的信息，从而更好地促进国际产能合作，实现互利共赢。而海外华文媒体能够提供各国合作的相关信息，从而拓展了海外华文媒体的受众群体。

海外华文媒体在"讲好中国故事"中发挥重要作用。据国务院侨办数据，目前海外华侨华人已超过6 000多万，分布在世界198个国家和地区。其中，4 000多万华侨华人分布在"一带一路"沿线各国。海外华文媒体不仅成为海外华侨华人与祖（籍）国相互联系的信息平台，也是海外华侨华人与当地社会之间不可或缺的沟通渠道，更是中西文化交流必不可少的桥梁和纽带。海外华文媒体可以通过对"一带一路"报道和推广，使他们认识到"一带一路"倡议的重要意义，也能将中国声音传递到主流社会，加深当地政府、企业对"一带一路"建设的了解。当然，海外华文媒体在报道的过程中要选择好角度，学会换位思考，以融通中外的语言、文化和表达方式客观报道，注重中国故事的国际化表达，把真实的中国介绍给世界。与此同时，海外华文媒体在新闻报道之外，还可以通过广泛开展媒体合作、文化交流等活动，助力中华文化走出去，为"一带一路"建设构筑深厚的人文基础。

"一带一路"倡议将进一步提高华文媒体的影响力。"一带一路"倡议为沿线各国华文媒体提供了新的生机，注入了更多传播的内容，供给了更多报道国内经济文化的机会。华文媒体一边连着中国文化，一边连着住在国，这是华文媒体和住在国之间进行传播、信息互通最难得的一个时机。借助"一带一路"倡议，华文媒体在住在国有了制造舆论导向的能力、舆论地位更高，对住在国重大事件的传播和报道更有影响力。"一带一路"的倡议不单单是中国，也是中国与沿线各国经济和文化交流的一个机会，华文媒体要做的就是一如既往关注、报道、宣传"一带一路"倡议，让世界听到中国的声音。

（二）新一代华侨华人和外国年轻人的需求旺盛

1. 越来越多外国人学习中文

近年来，全球学习汉语热不断升温。据国家汉办统计，目前除中国（含港澳台）

之外，全球把汉语当作外语学习的人数已超过 1 亿人，有 100 多个国家的 2 500 余所大学和越来越多的中小学开设了汉语课程。在法国，2016 年有 150 余所大学，700 多所中小学开设汉语课程。全法汉语学习者总数约 10 万，过半数的学习者是中小学生。英国从政府到民间全方位推动汉语教学，包括颁布国家政令、教育部设立专职岗位、每年定期巡视汉语教学课程、培养本土汉语教师等，5 200 多所中小学开设汉语课，到 2020 年全英学汉语人数计划达 40 万人。韩国全国 5 000 万人口中，有 1 060 多万人在学习汉语及汉字，数量居全球首位，每年参加汉语水平考试（HSK）、中小学生汉语考试（YCT）等各类汉语考试人数达 17 万人次。

2. 华裔青少年学习中文热情提高

多年来，中国国务院侨办通过编写发行中文教材、开展师资培训，以及举办丰富多彩的夏（冬）令营等，帮助海外华侨华人特别是华裔新生代学习中文和了解中华文化。海外华侨华人也非常重视子女的教育问题，除了接受住在国的教育外，有远见的家长们，也会让孩子接受中文教育。华裔青少年通过来中国参加寻根之旅活动，或作为交换生，入住中国家庭，不仅了解祖（籍）国的发展，也意识到学习中文的重要性，从而主动学习中文。再加上目前中国已经成为世界第二大经济体，中华文化国际影响力持续提升，华裔青少年学习中文，未来有更广阔的发展空间。目前，全世界已有约 2 万所华文学校，数十万名华文教师，在读华裔青少年达数百万人。

3. 新移民推动海外华文媒体的改变

中国改革开放 40 年来，从大陆移居海外的新移民日益增多，不仅促使海外华社的分布和结构发生重大变化，而且改变了当地的华文媒体。包括传统媒体的新创刊、新开播以及一些新媒体的新诞生。第一，20 世纪 80 年代以来，大陆移居海外以及留学、务工等人数不断增加。由新移民创办的华文媒体数量快速增长。美国 180 多家华文媒体中，三分之一为新移民所办。加拿大 130 家、澳大利亚 60 多家、日本 40 多家华文媒体中，占比均超七成。第二，华人新移民普遍具有良好的教育背景、较强的经济实力，从事行业更加多元，视野也更为开阔，这大大改变了华文媒体的读者结构，华文媒体应对这种趋势做出相应改变。海外华文纸媒除综合性发展之外，更加专业化，进一步细分领域和市场；同时与社区紧密结合，提供个性化的新闻和信息。第三，数年前，来自大陆的新移民的激增，促使了一大批海外华文媒体语言及版式的变化，比如印刷由繁体字改为简体字，试行横版排版。如今，因电子媒介的发展以及新一轮"移民潮"，许多以报纸、杂志等传统媒体为主的海外华文媒体又不约而同地拥抱新媒体，建立多媒体业务平台以满足新的受众更加多元化的新需求。

（三）海外华文新媒体的出现

随着数字化技术的发展，传统媒体受到来自新媒体、自媒体和社会化媒体的冲击。新媒体依托手机通信设备，借助互联网的高速传播，为人们推送信息和及时交流提供便利，积累了比传统媒体更庞大的受众群体。与传统媒体相比，新媒体互动性更强，内容更为丰富，不仅满足了人们日常休闲娱乐的要求，还满足了人们及时沟通与互动的需求。在海外华侨华人主要集居地，微博、微信等新媒体的出现，克服了传统媒体在信息传播上明显的地理空间的局限性。这些新媒体上的新闻、话题及其他相关信息，能直接进入用户的掌上信息界面，用户可以随时随地了解海量信息。可以说，新媒体的出现打破了以往地域的限制，为海外华文媒体提供了前所未有的发展契机。

随着新媒体的崛起，海外华文媒体已不再满足于传统纸质媒体单一的传播方式，悄然形成网络电视、网络广播、门户网站、微博、网络视频、虚拟社区、网络杂志、网络文学、移动电视、数字电视、微信平台、手机 APP 等具有新媒体属性的传播渠道。欧洲时报社社长张晓贝表示，目前，欧洲的华文纸媒，基本建立了自己的网站，还有很多纸媒开发 APP，或者利用微信推送自己的内容，很多纸媒甚至"弃纸"。据不完全统计，现在在欧洲华人的新媒体和自媒体数量已经超过了传统的纸媒，或者超过了传统的华文媒体。以《欧洲时报》为例，新媒体的发展给《欧洲时报》带来很多机遇。《欧洲时报》在欧洲已经形成微信矩阵，其官方微信为欧洲时报内参，风格秉承欧洲时报严肃新闻的传统，内容偏时政和新闻，与传统媒体较为接近。除此之外，《欧洲时报》在欧洲各国有灵活多样的微信公众号，如法国的"想法"、英国的"英伦圈"、德国的"道德经"以及意大利的"意烩"等，推送的内容紧跟各国的时事热点，既有类似"向东向西"这样时政方面的深度分析，也有与旅行和生活相关的公共服务信息，很多类似于"食尚亚洲"的公众号轻松有趣，实用性强。目前，《欧洲时报》纸媒总量是十万份，而微信公众号英伦圈的粉丝量是40万，位居《欧洲时报》旗下所有微信公众号之首。新媒体的受众随着产品的分类逐渐分流，合力提高了《欧洲时报》的影响力。

目前，在全球已经形成了一批颇具规模的华文自媒体和新媒体。他们的运营者往往是热爱传媒事业的年轻人，有些擅长内容编辑，有些擅长技术支持，正是这样三两成群的年轻人，支撑起了最初的海外华文自媒体的雏形，在创业初期没有任何资金支持和商业广告的境况下，完全依靠自筹资金，将自媒体做到了读者几十万，一篇稿件的点击率过十万的、受众较广较为成熟的自媒体。

三、海外华文媒体转型升级存在的问题

当前，海外华文媒体面临新媒体冲击、同业竞争、资金短缺和人员匮乏等挑战，转型升级融合发展成为必然的选择和趋势。据首部华侨华人蓝皮书《华侨华人研究报告（2011）》问卷调查显示，华文媒体经营遇到的困难，主要来自在有限的华文媒体市场环境下的同行竞争。超过60%的媒体认为竞争是其经营中遇到的主要困难。另外，华文媒体内部经营管理的困难也较为明显，出现资金短缺困难的媒体比例为50.8%，专业编辑人员匮乏的比例为47.7%。

（一）缺乏专业人才

海外华文媒体比较严重的问题是缺乏专业人才。由于资金欠缺，海外华文媒体新闻从业人员待遇相对下降，掌握中文与新闻采编技能的年轻人才难找，华文媒体报道质量下降，最终导致受众持续流失，进一步影响其生存和发展。菲律宾《世界日报》的侯培水指出，当地很多华文媒体都缺少能独当一面的记者和编辑。在英国，华文媒体人才流失问题尤其严重，很多华文媒体留不住人才，能够在一家媒体持续工作5年以上的人少之又少。英国侨报社长何家金表示，"英国的媒体普遍不怎么赚钱，甚至入不敷出，较低的收入造成许多媒体人才频繁跳槽或回祖（籍）国发展。"在澳大利亚，大多数报社拥有不超过3名编辑，甚至有的只有1名。即使是《星岛日报》澳洲版，也仅有10名采编人员。印尼《呼声》月刊的程子华也指出，海外华文媒体从业人员的素质参差不齐，有的华文报刊错别字比较多，甚至连标题都不顺通。因此，当务之急是吸引大量高素质的新闻从业人员从事华文媒体相关工作。

（二）内容缺乏原创"千篇一律"

很多海外华文媒体直接从网上下载信息，稍加编辑改写后就排版印刷，不用费时费力去翻译、打字、采编，报纸的运营成本下降，制作速度大幅提高。但是内容缺乏原创，没有自身的独家新闻和特色，读者将逐渐转向能够提供权威的高质量独家新闻的媒体。意大利《欧洲商报》的杨光就曾指出，意大利华文媒体习惯模仿跟风，很少开拓创新，几乎所有信息和资料都是从网络上获取的。美国大多数华文报纸原创新闻较少，都是通过互联网摘编一些中国内地或港台主流媒体的报道，华文报纸上的新闻也可以从其他网站上看到，对读者的吸引力不强。研究表明，从 2012 年下半年开始，新加坡联合早报网在报道"中国梦"相关新闻时，原创内容较少，70% 的新闻报道均来自西方媒体、东南亚媒体和中国媒体。因此，在互联网时代，海外华文媒体陷入两难困境：过分依赖互联网，虽然降低了办报的成本，但是"千报一面"，各报之间同质化竞争；而新闻资源的积累、专业化的采编都需要投入相当大的人力物力，经营成本必然大幅上升。

（三）市场竞争激烈

海外华文媒体创办比较容易，但是生存却较为困难，大多陷入"不求发展，只求生存"的境地。在海外，创办一份华文报纸很容易。如果是一份服务于华人的赠阅报纸，甚至不需要任何机构审批，只要创刊发行就可以。但海外华文媒体创立起初就要面临激烈的市场竞争。在澳大利亚，大多数的海外华文媒体都是以社区广告为营收来源，一般情况，来自社区的广告约占媒体广告总额的 80% 左右。但社区广告量是有限的，随着媒体数量增加，很多华文媒体开始竞相降低广告价格争取客户，必然造成恶性竞争。在加拿大，新移民刚刚站稳脚跟，华人企业大多数规模较小，华文报纸的广告基本上来自餐饮业、留学服务、房屋中介、律师楼等，广告金额小，难以维系报纸持续发展，很多华文报刊还没有被众人所知就不存在了。在美国，华文媒体的广告竞争非常激烈。由于华文媒体数量过多，而广告资源相对有限，华人经营的餐饮、中医和律师等传统行业的广告客户重复率非常高，广告市场无序竞争现象较为严重。

（四）转型升级困难

受限于技术和资金等影响，海外华文媒体的转型困难不小。一是形式单一。多数海外华文媒体还停留在报刊、杂志、广播、电视等传统形式，有些即使配有模板网站和APP，但只是形式的改变，内容生产、传播的思维仍无法适应移动互联网时代和传播规律、用户阅读习惯和商业模式的变化。二是布局分散。普遍存在规模小、零星分散、竞争压力大、受新媒体冲击大、难以满足华二代、华三代和新移民的新闻资讯需求等一系列问题。三是单打独斗。一些华文媒体仍遵循传统报业思路，孤军奋战、单打独斗、自我设限、画地为牢，导致力量分散（实力不强却要全媒体运营）、恶性竞争（争客户、广告、价格战）、转型艰难（购买模板网站、模板APP，个性化不足，无大数据支撑；微信公众号，局限性大；组建技术团队，开发APP，周期长、投入大、见效慢），在市场运作和媒体融合的双重压力下潜藏危机。

四、"一带一路"背景下海外华文媒体转型升级的思路

（一）发挥优势，做好"一带一路"建设的传播者和推动者

一是做"一带一路"建设的推动者。海外华文媒体应借助自身优势，广泛传播"一带一路"倡议的理念和内涵，准确解读"一带一路"建设各项政策举措，充分报道好重大标志性项目的落地推进，讲好各方共建共享的丝路故事，使华文媒体成为了解参与"一带一路"建设的重要平台。二是做当代中国故事的讲述者。海外华文媒体以积极报道中国为己任，以符合住在国表达和接受习惯的方式，向广大华侨华人和各国民众介绍中国经济社会发展成就和对世界经济的重要贡献，介绍中国致力于维护世界和平与发展的外交理念，为国际社会了解真实的中国打开一扇窗。三是做文明交流互鉴的促进者。海外华文媒体应坚定文化自信，顺势而为，借势传播、生动解读中华文化之内涵，传承发扬中华文化之精髓，让世界

更好地感知中华文化的魅力和活力，为促进各国民心相通，推动文明交流互鉴发挥好桥梁和纽带作用。四是做国际舆论新格局的建设者。海外华文媒体要积极运用融合发展的思维，不断推进自身转型发展，同时牢固树立合作共赢的理念，不断提升华文媒体的传播能力和水平，增强华文媒体在国际社会中的舆论影响力和话语权，推动国际舆论格局朝着更加公正、平衡的方向发展。

（二）积极融入住在国主流社会

海外华文媒体应拒绝边缘化生存，聚焦主流事件，探究事件真相，融入主流社会，为全球华人争取更多的话语权。一是向当地政府机构、学校或图书馆免费赠阅。海外华文报纸通过在海外大型连锁超市销售，逐步融入主流社会。在加拿大连锁超市 SHOPPERS 的门口货架上可以随时购买到华文报纸《明报》。在澳大利亚大型超市伍尔沃斯内有销售《大洋日报》和《大洋时报》。2009 年 5 月，《英中时报》成为大英图书馆首份指定收藏的伦敦华文周报。二是可以借助海外平台，扩展读者群，创办英文传播形式。《欧洲时报》英国版几年前已推出英文网站，并通过多种方式在英国主流社会推广，由于媒体实现多语种发展，也更能吸引英国大型广告客户，使广告的来源不再局限于华人社会。同时，2013 年 4 月 5 日起，《欧洲时报》英国版携手英国《泰晤士报》，在副刊中联合推出 4 页《泰晤士报》中文版，开创华文报纸和英国主流媒体合作的先河。三是参与主流社会的新闻报道，关注所在国家整体政治经济情况，不再局限于华人圈。2014 年 10 月，加拿大多伦多市长候选人庄德利到访星星文化传媒公司，借助旗下《星星生活》周刊和超级生活网的微信、微博平台，召开重大的新闻发布会，争取华人选票的支持。此后不久庄德利顺利当选多伦多市长。

（三）构建海外华文媒体合作平台

海外华文媒体虽然零星分散，但汇聚起来的力量不容小觑。共聚一个平台，同发一种声音，将大大提升话语权和影响力。近年来，海外华文媒体在联合、开展同业合作方面取得了较大进步。

1．"一带一路"华媒协作网

2016 年 9 月，中国新闻社发布倡议，呼吁华文媒体积极加入"'一带一路'华媒协作网"，发挥其平台作用，推动华文媒体战略转型与融合发展，建立信息共享和资源共享机制，构建起海内外连通互补、华文媒体繁荣发展的新格局。通过"'一带一路'华媒协作网"畅通海外华文媒体供稿渠道，全面展示海外华文媒体对"一带一路"的精彩报道；定期召开"'一带一路'华媒协作网"的协作媒体会议，切实加强华文媒体之间的沟通交流和学习互鉴；组织"'一带一路'华媒协作网"的协作媒体赴"一带一路"沿线采访，并在"'一带一路'华媒协作网"推出相关报道专题，以多种媒体形态、多种视角、多种语言，展现"一带一路"的发展建设。

2. 国际新媒体合作组织

在加拿大联邦政府注册，由北美、欧洲、东南亚部分国家华文媒体联合发起国际新媒体合作组织（International New Media Cooperation Organization，简称INMCO）也是一个很好的合作平台。该平台的主要任务：一是向海外推介中国传统文化、旅游文化、产业文化；二是协助中国政府向海外宣传招商引资、引智引制的人才与资源等政策，推介中国各地的产业合作项目；三是推广宣传新产品、新技术、新经济常态等；四是在海内外策划、组织、承办国内城市推介会、行业展会，包括但不限于文化艺术节、旅游推介会等各类商品交易博览会、中华艺术海外巡演以及学术研讨会等；五是整合海内外媒体资源、网络名博、微信达人以及各个领域专家资源、华文作家资源、高端企业家资源、国际商会资源等，以本组织为平台，以媒体资源为优势，为海内外需求方提供资源嫁接、组织嫁接、信息嫁接与活动策划及执行等各项服务。

3.《华人头条》串联华文媒体

《华人头条》是由福建可比信息科技有限公司倾力打造，为海外华文媒体转型升级提供全方位信息技术服务的综合性互联网平台。它以信息技术为支撑，以新闻资讯为切入点，携手海外华文媒体共同打造技术与内容双核驱动的平台。《华人头条》创始人黄琪旺设计的思路是：华人头条技术公司做技术，华文媒体做好内容和当地运营，优势互补、资源共享，共享技术、共享内容、共享用户、共享商业，打造多元合作平台，构建共赢商业模式，共同打造华文媒体命运共同体、利益共同体。如果说海外华文媒体是洒落在世界各地的一颗颗闪亮的珍珠，华人头条便是那条串联珍珠项链的红线。正是基于这种"共享"理念，这几年来华人头条成绩可喜——服务器全球布局，APP下载量、用户数业内第一。截至目前，合作站点达到50家，华人头条APP用户下载量突破数百万，成为实至名归的海外华文媒体第一平台。同时，与国际在线、中国新闻社、中国侨网等多家国内知名媒体建立了战略合作关系，扩大影响力，实现优质内容海内外双向传播。

（四）传统媒体与新媒体良性互动传播

海外华文媒体应努力实现传统媒体与新媒体的互动传播。新媒体从传统媒体借力，传统媒体则通过新媒体吸引年轻受众。如《欧洲时报》在继续做好传统的"一大四小"报纸外。还设有网上欧洲时报和掌上欧洲时报。网上欧洲时报分为"一中三外""三外"分别是英文网站、德文网站和法文网站；掌上欧洲时报又分为了"两微一端"。目前，欧洲时报仍在不断尝试和创新，陆续推出视频、直播等更新潮的内容，逐步实现传统媒体多元化、国家覆盖广泛化和传播语种多样化。2015年到2016年，马来西亚《星洲日报》的日发行量仅下跌了4%，但电子报纸下载率大幅上扬。总体核算，《星洲日报》日发行总量由2015年的40万份达到2016年的43万份，不减反增。

（五）采用新技术新方法推动转型升级

一是海外华文媒体亟需借助大数据、云计算和人工智能等互联网新技术达到更新迭代、融合发展、转型提升的目标，实现传统媒体和新媒体的优势互补。二是注重合作共赢。移动互联网时代是资源整合的时代，全球华文媒体抱团取暖、合作共赢，主动融入互联网、热情拥抱新媒体，实现平台与技术的融合、内容与运营的结合、受众与用户的汇合，达到合理分工、优势互补、转型升级、融合发展。三是海外华文媒体需要扩建服务平台，可以与中国的组织机构合作，为他们提供海外新媒体的服务平台等，从海外的视角介入大陆的世界。此外，海外华文媒体要借助现有免费信息技术平台如微博、微信等力量，提升自己的品牌魅力。

第五章 "一带一路"背景下的媒体发展策略

第一节 "一带一路"框架下中俄媒体合作

"一带一路"倡议提出五年多来，为民心相通搭建了一座桥梁，不仅受到沿线国家的广泛认可与支持，还加快了不同国家之间的人文交流和文化互学互鉴。"一带一路"开辟了一条文化丝路，为中国文化走出去带来了前所未有的重大机遇。作为"一带一路"政策的解读者、倡议的践行者和推动者，媒体在"一带一路"文化建设过程中发挥着越来越重要的作用；未来，文化丝路要从优化传播体系、完善国际传播平台、确立合作重点、培养国际传媒人才等多方面进行传承和延伸。

一、"一带一路"倡议铺就文化丝路

2019年4月26日，中国国家主席习近平在第二届"一带一路"国际合作高峰论坛开幕式上发表了题为《齐心开创共建"一带一路"美好未来》的主旨演讲。他指出："我们要积极架设不同文明互学互鉴的桥梁，深入开展教育、科学、文化、体育、旅游、卫生、考古等各领域人文合作，加强议会、政党、民间组织往来，密切妇女、青年、残疾人等群体交流，形成多元互动的人文交流格局。""一带一路"倡议自2013年提出以来，围绕着"政策沟通、设施联通、贸易畅通、资金融通以及民心相通"五个重点方面纵深拓展，取得了显著的成果，受到了多个国家的积极响应，中国国际影响力与日俱增。其中，"民心相通"是共建"一带一路"的人文基础。"一带一路"不仅搭建了国际经贸合作的桥梁，更为沿线国家构筑起一条增进各国人民情感交流的文化之路。

媒体是人文交流的桥梁，在提升中国国际影响力和助力国际话语平台的建设

方面起着至关重要的作用。"一带一路"倡议的实施，为中国媒体平台的发展壮大既带来了机遇，也带来了挑战。随着"一带一路"倡议从"大写意"转向精耕细作的"工笔画"，如何在国际舞台上讲好中国故事，传递中国积极能量，扩大国际影响力，成为中国媒体的责任和价值担当，如何抓住机遇应对挑战，成为媒体未来发展的重大抉择。

二、"一带一路"文化传播中的媒体角色

作为世界第二大经济体，中国的经济发展速度受到全世界瞩目。但是，国际传播格局仍然为欧美发达国家所主导。由于中国传媒产业发展起步较晚、产业链条不健全以及"文化折扣"等问题，中国在国际舞台上面临着被丑化和恶意抹黑的风险。因此，不断扩大并完善中国国际传播平台建设成为一个迫切问题。

加拿大学者马歇尔·麦克卢汉曾提出"地球村"的概念，描述电子媒体如何拉近了全球距离。进入互联网时代，信息传播变得更加便捷和高效，在某种程度上也降低了国际传播的门槛。传播渠道多元化、方式多样化、沟通便捷化、范围扩大化、互动即时化，都为媒体传播带来了优势。以往，中国国际传播的主体一般是具有官方背景的国家级广播电台、电视台和通讯社，宣传色彩较为浓厚。如今，具有不同背景的多元传播主体纷纷开启传播事业或者入驻社交媒体平台，传递中国声音，扩大中国的海外影响力。比如，2010年成立的蓝海电视（Blue Ocean Network，缩写为BON），作为一家民营媒体，不仅实现了卫星频道覆盖亚太、北美、欧洲、北非120多个国家和地区，有线频道进入欧美主要有线电视网络系统，覆盖6000多万用户，同时在欧美拥有超过1000万的新媒体用户。该平台抓住新媒体机遇，与国外优质媒体制作团队及制作人合作，生产了一大批传播范围广、影响力大的流媒体作品，这些作品讲述中国故事、传递中国企业形象、宣传中国城市名片，多次被美联社、法新社、BBC等海外媒体引用。

在"一带一路"人文交流之路的建设过程中，媒体既是政策的解读者和传播者，也是倡议的践行者和推动者，更是文化的交流者。

（一）担当传播使命，传递"一带一路"内涵和外延

"在'一带一路'建设国际合作框架内，各方秉持共商、共建、共享原则，携手应对世界经济面临的挑战，开创发展新机遇，谋求发展新动力，拓展发展新空间，实现优势互补、互利共赢，不断朝着人类命运共同体方向迈进。"这是中国提出"一带一路"倡议的初衷，也是希望通过这一倡议实现的最高目标。为了向世界人民更好地展示这一初衷与目标，中国国家媒体对"一带一路"倡议进行了全方位、深层次、多角度的宣传和解读，对这一倡议在全球范围内获得深化理解起到至关重要的作用。如今，"一带一路"倡议获得大多数沿线国家的理解与支持，受到越来越多国家和组织的积极响应。

作为国家传播平台的引领者和核心力量，国家级媒体带头进行了一系列的报道创新。中央电视台、中国国际广播电台以及中央人民广播电台等担负起国家级媒体的责任，推出以《行走"一带一路"》主题报道、《丝路上的我们》语音广播和《2017，解码"一带一路"》大型报道为代表的优质节目，深入剖析、解读"一带一路"倡议，从小人物、微故事的角度切入，对"一带一路"沿线国家的产业发展和取得的丰硕成果进行报道，直观展示"一带一路"倡议真正为各个国家的贸易合作和经济发展提供了开放的平台。此外，地方媒体平台也积极主动开展丰富多样的专题报道，如陕西广播电视台推出《你好，"一带一路"》、福建广播电视台推出《中国正在说》、广西电视台推出《"一带一路"广西人》系列节目等。这些地方媒体组成了文化丝路的最强辅助网络，在不同国家和地区之间扩大了"一带一路"倡议的传播范围，让更多百姓了解中国的这一倡议。作为新媒体时代的生力军，网络媒体利用其多渠道、全覆盖的网络不断加大传播力度，进行多元化创作，并在适合的渠道或平台上进行差异化传播。中国网作为中国在海外的重要新闻传播渠道，目前已经形成了拥有11种语言、覆盖全球200多个国家和地区的国际传播平台。2015年3月，以丝绸之路经济带的起源地"陕西"为出发点，中国网进行了一系列的报道，涵盖政治、经济、人文历史、地理等各个方面，成为"一带一路"信息传递的重要窗口和渠道。

国家级媒体、地方媒体以及网络媒体成为文化丝路航线的三艘"巨轮"，不仅

将"一带一路"的愿景送达更多沿线国家，还将蕴含中国人文积淀和丰富底蕴的文化产品带到更多不同种族、语言、文化背景的地区，增进了文化交流与文化繁荣，扩大了中国文化的世界影响力。

（二）文化沟通往来密切，多种合作项目落地生根

"一带一路"不仅仅是设施联通、贸易畅通、资金融通之路，更是政策沟通、民心相通之路。该倡议不仅为中国与沿线国家的经贸合作开辟了新的机遇，更为国内外文化交流提供了新的桥梁。中国媒体平台作为文化产业的重要组成部分，是倡议的践行者和推动者。随着文化、影视、新闻等领域许多合作项目的落地生根，文化丝路向沿线国家一路延伸、辐射，各种文化组织的合作项目影响力日益扩大。

由于社会背景、文化、民族、语言等方面的差异，文化沟通和交流面对的最大的困扰就是"文化折扣"的问题。为了减少国际传播过程中出现的理解偏差、选择性接触等问题，中国媒体主动与国外媒体加强沟通、相互学习、深化合作、研讨互访。只有坚持同"一带一路"沿线国家媒体进行深度交流，"引进来"和"走出去"相结合，才能不断积累制作经验，提升报道水平，培养出更多具有国际传播能力的新媒体人才。2016年8月，中央电视台、中国国际电视总公司发起"丝路电视国际合作共同体"，与亚欧非多个国家形成影视联盟，这是以"一带一路"为纽带面向全球开放的首个多媒体影视联盟，不仅将"一带一路"的合作领域拓展到传媒领域，更推动了国家间文化的交流与传播，增进相互理解沟通，为中国传媒平台的国际拓展翻开新的篇章。

目前，"丝路电视国际合作共同体"已经吸纳"一带一路"沿线49个国家的95家媒体机构，合作组织的类型更加多元化，涵盖了影视制作发行公司、视频网站以及社交媒体，区域性、组织性、沟通性更加显著。中国与不同国家依托该平台，在信息交流、政策沟通、互学互鉴、增加信任、增进了解等方面取得了显著的成果。如今，越来越多的机构和组织愿意加入"丝路电视国际合作共同体"，参与更多海外合作项目，扩大发展机遇与愿景。尤其是2017年以来，包括"亚太广播发展机构"（AIBD）"丝路国际卫视联盟""影视文化进出口企业协作体"在内的国内外机构以及丝绸之路经济带发源地的陕西广播电视台、西安广播电视台等地方电视

媒体纷纷加入合作共同体,成员范围不断扩大,合作项目种类也在不断丰富。斯里兰卡独立国家电视台台长萨曼·阿萨达希提认为:"加入这一合作共同体让我们能够有机会同全球最发达、最知名的媒体机构展开合作;可以帮助我们顺应潮流,完成转型升级,更好地满足观众的各种需求。"

中国还积极在沿线国家建立全媒体传播平台和渠道,不仅在社交媒体和网站上纷纷开设企业、组织账户,还在各个国家布局地面频道信号的接入,开创崭新频道,传递中国声音。如今,中国媒体平台已经相继在南非、捷克、阿联酋、越南等国家进行中国频道的入驻,此外以印尼"Hi-Indo!"、柬埔寨"Hi-Cambo!"为代表的"Hi+国家"品牌计划已经在多个国家落地执行,实现了海外落地覆盖,以本地化思维制作的节目有效提升了中国文化在海外的认知程度。

(三)海内外传媒精品频出,搭建民心相通桥梁

中华民族五千多年的优秀传统文化随着时间的沉淀愈发历久弥新。"一带一路"为中国文化"走出去"提供了前所未有的重大机遇。2017年,文化部提出了"'一带一路'文化发展行动计划"。该计划指出,未来将进一步加大中国与"一带一路"沿线国家的文化交流,开展丰富多样的文化交流活动,组织文化出访团、大型文物展览以及国际影视节等,实现国家之间的民心相通。该计划为各国文化交融带来了更加宽广的平台,不仅有助于不同国家地区人民的沟通与相互了解,更提高了中国文化在海外的普及度和认可程度,让中国文化在世界舞台上发挥出更大的价值。中国媒体平台作为文化丝路上的重要"航船",装载着饱含中国元素的文化产品,输送到沿线的各个国家。

广播影视节目作为一种重要的文化产品,在传播的过程中具有较低的文化折扣,自然应当担负起文化传播者的重任。电视剧《生活启示录》在包括突尼斯国家电视台、约旦国家电视台、黎巴嫩国家电视台、黎巴嫩OTV电视台、埃及国家电视台一台、摩洛哥国家广播公司、巴林电视台和苏丹东方电视台在内的七个国家八家电视台相继播出,并且取得了不小的反响。《妈妈的花样年华》《老爸的心愿》等电视剧被翻译成为斯瓦希里语在坦桑尼亚国家广播公司播出,《父母爱情》在埃及创下了3.8%的收视率。此外,国内媒体机构不仅持续扩大与海外传媒集团

进行互访交流的规模，还将合作体系和倡议落到实处。近几年，中外合拍片数目持续增长，尤其是有关"一带一路"题材的纪录片，由小故事反映大情怀，在海外反响热烈，包括中国与奥地利国家电视台合拍的纪录片《天河》《丝路上的秘密》，与澳大利亚野熊公司合拍的《外国人眼中的长征》《改变世界的战争》等。2015年，与捷克的生产团队共同制作的动画片《熊猫和小鼹鼠》不仅在多个国家媒体平台上播出，还广泛地收获了好评。

三、"一带一路"背景下媒体发展新机遇与着力点

2019年，"一带一路"建设工作领导小组发布的《共建"一带一路"倡议：进展、贡献与展望》报告提出，当前世界正在处于大发展、大变革、大调整当中，共建"一带一路"将促进各国之间相互理解、尊重、信任，文化隔阂、文化冲突将不复存在，取而代之的则是文明交流、文明互鉴。丝绸之路不仅打开了文化交流的窗口，还书写了人类文明进步的新篇章。正如中国国家主席习近平在第二届"一带一路"国际合作高峰论坛开幕式上提出的："面向未来，我们要聚焦重点、深耕细作，共同绘制精谨细腻的'工笔画'，推动共建'一带一路'沿着高质量发展方向不断前进。"

（一）优化传播话语体系，助力文化国际传播

很长时间以来，中国媒体在进行国际传播的过程中往往处于一种自说自话的尴尬局面，海内外的文化交流实际存在一堵"玻璃墙"，中国优秀的传统文化在走出去的进程中不仅没有取得良好的效果，反而被误解为是一种文化输出的霸权主义。近几年来，中国传媒业界和学界都意识到了这一问题，要想有效降低国际传播过程中的"文化折扣"，就要避免自我欣赏，要从受众的角度出发转变话语体系，尊重对方的思维方式和文化差异性，这样才能让文化出海一帆风顺。

一方面，国内生产团队在进行内容创作的过程中要避免以自我为中心的思维定式，对于语言、题材、角度、叙事方式等话语体系的建构要根据不同国家的实际情况进行有针对性的设计；另一方面，与国外优质生产团队开展合作也是降低"文化折扣"的重要方式。随着"一带一路"倡议的实施，中国媒体机构不断与沿

线国家开展影视制作的合作项目，跨国合拍片的数量在不断增加，提高国际合拍片的数量和质量将会是影视产品未来的发展重点。

在纪录片合拍方面，就同一选题，可以进行全方位的开发，从多语言、多角度、多版本实现"因地制宜"的精准传播。纪录片作为文化折扣较低的影视产品成为中国制作团队关注的重点，越来越多以小见大的纪录片精品在海内外广受好评。2017年出产的纪录片《一带一路》被翻译成为11种语言在多个国家展映，取得了一致好评。纪录片《大国外交》《辉煌中国》《长征是世界的》，大型文博节目《国家宝藏》都以不同形式展现中国文化内涵和底蕴，不仅加深了海内外的文化交流，还促进了不同民族之间的相互尊重与理解。

（二）扩大国际传播平台，优化合作区域重点

"一带一路"为中国国际传媒平台的建设提供了前所未有的机遇，对于广电媒体来说，海外传播平台的建设将进一步实现由"中国时段"向"节目频道"演进。丝路电视国际合作共同体先后在"一带一路"沿线国家的卫星频道、视频平台开设"China Hour"时段和"Hi+国家"频道，其中南非的"China Hour"中国时段被南非合作方誉为本土化最成功的外国节目时段。另外，新媒体为文化传播提供了天然的优势，未来中国国际媒体平台的建立必须依托于各种新媒体平台。中国视频专区"China Zone"先后登陆YouTube和俄罗斯的SPBTV，以及日本最大的网站NICONICO。未来，中国国际传播平台需要形成"广播+电视频道+新媒体矩阵"的全方位传播格局。

"一带一路"沿线涉及60多个国家和地区、40多亿人口以及50多种语言，超过10种不同宗教派别，要实现高效的传播必须分清主次而不是"一刀切"，不仅要搭建主流媒体的新媒体矩阵，结合新型传播手段进行全方位多形式影响大的文化产品跨国交流，更要将海内外的文化合作战略升级，统一布局规划，根据沿线国家的文化特点以及经济发展情况和文化接受程度划分重点区域，将重要国家的媒体平台作为主要的合作对象，以点带面，全面有效铺开。

（三）加快国际传媒人才培养，完善组织架构

"一带一路"沿线国家数量众多，且文化、社会背景、民族、语言、人种都存

在一定的差异，要想实现有效的传播，将文化丝路延伸到更多国家，不仅需要优质的国际话语体系和传播平台，优质传播能力和水平的国际传播人才也必不可少。当前，"一带一路"倡议为人文合作搭建了新的平台，开辟出更多渠道，不仅留学生规模、跨国访问学者数量不断扩大，"一带一路"国际智库委员会和"一带一路"新闻合作联盟也在建设中，未来将有更多的人才加入合作组织，为国际传媒人才的培养奠定坚实的基础。

此外，具有国际传播能力的专业化团队也必不可少，这些团队未来将会汇集来自各个国家和民族的优秀传媒人才。随着专业职能分工的明晰，交往沟通更加便捷和有效，这些团队不仅能促进不同民族之间的友谊，还能加快不同国家之间的人才交流建设。这些具有国际传播能力的人才和团队一方面能进行优质文化产品输出，为创造更多沿线传媒精品服务，保证生产的水平，提高文化发展较为落后国家的生产水平；另一方面，不同国家人才的融合在节目的策划、生产、加工、传播各个环节都将本土化节目的文化折扣降到最低，即因地制宜。有了当地的优质传媒人才，无论是在语言的转译还是传媒产品形式的设计上，都能够以对方乐于接受的方式进行传播。目前，CGTN 的员工分布在世界各地，蓝海电视也与国外优秀的媒体人建立了长期的合作机制。随着"一带一路"倡议实施的深入推进，中国将会培育出一大批高素质的优秀国际传播人才，让中国声音唱响世界。

第二节　电视媒体对"一带一路"的传播

本节将对"一带一路"提出之后各大电视媒体的传播情况进行分析，指出电视媒体对"一带一路"传播的积极作用，并提出电视媒体进一步传播"一带一路"倡议国策的有效办法，以期为电视媒体今后的传播与宣传提供更多参考方向，实现对"一带一路"传播的积极效用。

2013 年，习近平同志在各大会议当中频繁提出一个词：一带一路，其作为我国政府提出的战略构想，主要是通过建设新的丝绸之路经济带和 21 世纪海上丝绸之路来带动沿路经济发展，推动我国经济的稳定发展，一带就是指新的丝绸之路经济带，一路就是指 21 世纪的海上丝绸之路。丝绸之路原本起源于古代中国，是连接亚洲、非洲以及欧洲的陆上商业贸易线路。原本只是古代中国出产丝绸等东方商品的主要途径。但是，随着时代的发展，丝绸之路逐渐成为中国面向亚洲、非洲以及欧洲其他国家文化交流、政治合作的主要道路。而海上丝绸之路则是中国东南沿海到东非、欧洲的一条航海路线，也随着时代的发展逐渐成为中国与外国贸易往来的主要线路。在 2015 年，国家发改委、外交部和商务部联合发布了《推动共建丝绸之路经济带和 21 世纪海上丝绸之路的愿景与行动》，从文件上确定了我国"一带一路"的构想，并逐渐步入实施阶段。通过"一带一路"，能进一步向世界弘扬我国丝绸之路的友好合作精神，并通过丝绸之路建立良好的外交与贸易往来，为深化国家之间的多边合作提供良好的民意基础。为了响彻国家号召，充分贯彻"一带一路"的精神，电视媒体应该加大对"一带一路"的传播力度，鼓励全民积极地参与到"一带一路"的建设中来，从而为"一带一路"的建设构建一个良好的舆论环境和友好的文化生态环境。

一、电视媒体对"一带一路"传播的积极作用

（一）统领传播全局

自从习近平同志在 2013 年提出"一带一路"的倡议之后，"一带一路"沿线的省份与国家纷纷响应，并做出了不同的反映。中国作为"一带一路"的倡议国，不仅需要对"一带一路"的概念做出全面的解释，还需要为"一带一路"的建设构建一个良好的发展环境，以此推动"一带一路"的稳定发展。而中国媒体作为"一带一路"的主要宣传者，应充分利用自身的优势，从不同的视角对"一带一路"进行宣传与报道，以此让全体人民对这一重要战略有深刻的认识与全面的把握。反过来讲，电视媒体作为传统媒体的重要成员，也是人们了解信息最主要的途径，其在"一带一路"这一场宣传战役当中勇当先锋，发挥出了积极的作用。比如，中央电视台，对"一带一路"的宣传比较早，形式多、范围广，是"一带一路"宣传队伍中的领头羊。最早对"一带一路"的电视传播也是从《新闻联播》开始的，并在 2015 年，央视通过电视剧、纪录片等多种方式开始了新的"一带一路"宣传模式。总的来说，电视媒体在对"一带一路"的宣传当中，仍起着统领全局的作用。

（二）探索出新的传播模式

"一带一路"不仅涵盖了中国沿线的省份，也包括了沿线的其他国家。从本质上来说，今天的"一带一路"要比丝绸之路涵盖的范围广得多，也将更多的地域与民众纳入到"一带一路"的共同体之内。为了使"一带一路"沿线地域积极响应号召，电视媒体就加大了对"一带一路"的宣传力度，以期从思想上改变群众的认识，认识到"一带一路"发展对人民的重要性。各电视台也积极利用各种形式来挖掘"一带一路"的影视价值，不仅是央视播出的主题电视剧《丝绸之路传奇》，还是甘肃影视部门拍摄的纪录片《鸠摩罗什》，都展示了丝绸之路的文化内涵，弘扬了我国文化。从此可以看出，各电视媒体通过对"一带一路"的宣传，探索出了新的传播模式，在借助"一带一路"这个宣传机遇，加大了对电视媒体传播模式的探索力度，以期深入挖掘出丝绸之路的文化价值、传播价值，自觉将电视传媒与国家战略联合在一起，为建设社会主义和谐社会贡献出一份自己的力量。

二、电视媒体传播"一带一路"的策略

（一）做"一带一路"传播的践行者

中国提出"一带一路"这个倡议时，不仅是站在中国发展的角度予以考虑，更是站在丝绸之路沿线国家的全局角度综合考量，是一项推动全球发展的共赢政策。通过"一带一路"，中国联合了丝绸之路沿线的国家，以"一带一路"为契机，实现国家与国家之间多元化、更深入的经济、政治发展。在"一带一路"的思想理念当中，不区分国家大小，不区分地域经济的强弱，只要在丝绸之路的范围之内、只要在"一带一路"的理念之下，独立发展、协同共赢，以此实现国与国之间的互利、地区与地区之间的共同发展。而电视媒体作为"一带一路"建设、发展的主要传播者，其应该主动作为、敢于担当，充分利用电视媒体的传播优势，进一步拓展与丰富"一带一路"文化内涵及传播方式，不仅通过新闻报道的方式、拍摄纪录片和电视剧的方式来宣传，还应该实施走出去的办法，与丝绸之路沿线的省份与其他国家开展新闻采访、交换和电视文化角落、各做的宣传举措，充分发挥出电视媒体在国家政策宣导和与群众沟通的纽带作用，积极传播全面、真实的信息,以此保障丝绸之路沿线各省份、国家之间的信息交流、政策沟通、民心相通,以此为"一带一路"的发展奠定一个良好的媒体基础。

(二)加强对文化交流的推动

在历史的丝绸之路之上,丝绸、茶叶、瓷器以及香料一直都是最主要的贸易产品,经过时间的演变,丝绸之路不仅代表着一条贸易之路,更是代表着中国文化的"出口",是一条中国连接亚洲、非洲、欧洲其他国家的纽带。随着全球经济的不断发展、中国经济的迅猛发展,不少新兴产业以及新兴的经济体迅速壮大,给"一带一路"的建设提供了一个良好的经济环境,促使丝绸之路的沿线地区经济增长趋势较为明显。但是,在发展的同时,"一带一路"沿线区域的国家及省份也面临着建设"一带一路"带来的挑战。比如,基础设施的落后,使得沿线区域的贸易交流速度受限。特别是新修建的新欧亚大铁路,其经过的国家较多,每个地区的轨距存在差异,促使铁路的行驶速度受限,物流的成本也增高,给商品与服务的流通带来困难。因此,电视媒体在传播的过程当中,应该突破我国传统的传播方式,遵循"先经济后贸易"的想法来进行"一带一路"的战略部署,以此做好"一带一路"的传播工作,实现对我国贸易经济发展的服务和预警。

(三)重视合作的效用

随着"一带一路"的不断发展,其逐渐从一个政策逐渐衍生为一种理念、一种文化,其成就已经突破了预期的构想。依据相关部门的数据统计,"一带一路"一共辐射了65个国家及地区,可以说,已经覆盖了大半个世界,产生了深远的影响。经过这些年的不断宣传和积极引导,不少国家已经充分认识到"一带一路"倡议对本国经济发展的重要作用,并积极投身到"一带一路"的建设当中去。在此过程中,"一带一路"诞生了不少具有正能量的故事,成为"一带一路"传播的主要材料。我国不少部门及省份也据此探索出更多的"一带一路"电视传播合作模式,通过多元化的传播为"一带一路"的建设构建一个良好的环境。比如说,在2014年,中印开启了两国文化影视交流的新起点——签署了文件《关于视听合拍的协议》,并在2015年启动开拍了具有印度元素的中印友好交流题材电影《大唐玄奘》《功夫瑜伽》。这些电影的拍摄及上映,都见证了中外在"一带一路"主题传播上的历史，也是"一带一路"电视媒体传播的合作成果。除了政府层面的影视国际合作之外，地方电视台对"一带一路"倡议宣传的海外部署也在一步一步地开展。比如，2016宁夏卫视与迪拜中阿卫视合作，促使22个阿拉伯国家都能收看到宁夏电视台播放的节目，这是一次利用"一带一路"倡议合作的积极尝试，也是一次将中国推向国际舞台的机会。总之，不管是央视台还是地方电视台，都应该注重合作的效用，将合作作为"一带一路"传播的战略基础，通过与境外媒体的深度合作来实现"一带一路"的全球推广，进而扩大"一带一路"倡议在全球的影响与号召力。

三、传播中应该注意的事项

电视媒体不管是在传统媒体当中，还是在新媒体当中，仍具有非常重要的地位，仍是人们获取信息的主要渠道，对社会建设具有非常大的作用。总体来说，电视媒体在传播"一带一路"当中具有原生性功能、派生功能以及赋予性功能。因此，电视媒体在传播"一带一路"当中，应该充分发挥出这些功能，为国内外受众提供更多、更真实的信息，并为其提供服务与预警的功能。并且，在"一带一路"建设的过程当中，各电视媒体的传播与"一带一路"的发展逐渐形成一种共生的关系，基于这种关系，电视媒体应该构建起以市场需求为导向、为人民服务为宗旨的传播体制，充分发挥出电视媒体的作用，推动"一带一路"倡议目标的实施，促使各国人民走向真正的和谐。

总而言之，"一带一路"作为我国重要的经济、文化、政治发展战略，其本身就具有非常重要的意义。而电视媒体作为"一带一路"宣传的主要成员，其也是政府阐释"一带一路"含义的主要阵地。可以说，电视媒体是"一带一路"建设中的宣传者与实践者。因此，电视媒体应充分发挥出其对"一带一路"宣传的统领作用，不断创新出新的传播模式，积极引导社会舆论，以此构建起一个良好的舆论环境，塑造出有利于"一带一路"发展的国际舆论，进而推动"一带一路"的进一步发展，实现各国互利共赢。

第三节 "一带一路"倡议下的新媒体公共外交

"一带一路"倡议是由中国政府提出并惠及60多个国家的国际合作，有利于推动民心相通，而民心相通属于公共外交的范畴。新媒体的发展催生了新媒体公共外交，也为"一带一路"倡议的实施提供了更为便利的条件。"一带一路"沿线国家经济发展并不平衡，但新媒体公共外交可以为政府与民众、民众与民众之间搭建沟通的桥梁。文章指出，实现"一带一路"新媒体公共外交的良性运转，离不开政府的顶层设计，具体实践主要有四个方面：加强官方网络媒体建设，做好"一带一路"沿线国家舆论引导；利用社交媒体平台，培养政府意见领袖；重视对新媒体信息的控制，掌握"一带一路"沿线国家舆论导向；转变单向宣传的传播观念，加强与"一带一路"沿线国家民众的互动交流。

2013年9月和10月，中国国家主席习近平分别提出建设"新丝绸之路经济带"和"21世纪海上丝绸之路"的合作倡议（简称"一带一路"倡议）。2016年7月，"一带一路"媒体合作论坛在北京举行，吸引了来自世界101个国家的212家媒体参会，习近平主席发来贺信。2017年5月，"一带一路"国际合作高峰论坛在北京举行，有29国元首和政府首脑出席，全球4 000余名记者报道了此次论坛。由此可见，"一带一路"倡议正在稳步推进，一个个里程碑事件也成为全世界媒体关注的国际舆论焦点。"一带一路"的民心相通需要广泛开展公共外交，传承丝绸之路友好合作精神。"一带一路"倡议实施5年来，极大地契合了亚洲、欧洲、非洲沿线60多个国家和国际组织的需求，设施联通、贸易畅通、资金融通、政策沟通、民心相通等"五通"正在有序开展，政治互信、经济融合、文化包容的人类命运共同体正在逐步建立。

"一带一路"倡议由中国提出，旨在推动区域合作与全球共同发展。因此，对"一带一路"的思考，应该具备世界眼光和国际传播视野，跳出传统的对外宣传的思维定式。从现状上来说，"一带一路"合作已经置于新媒体传播的全球视域之中，中国与世界各国的外交关系必须由"以国家为中心"转到"以公民为中心"的公共外交上来。本节旨在解决的核心问题是新媒体语境下"一带一路"公共外交如何实施？围绕这个中心问题，需要逐步解决以下几个问题：什么叫公共外交？公共外交在新媒体时代是否可能？针对"一带一路"的实际语境，新媒体公共外交的理论是否存在缺陷？在公共外交的理论框架下，"一带一路"新媒体公共外交应当怎样有效实施？需要进一步明确的是，"一带一路"新媒体公共外交属于应用型研究，其理论基础是公共外交理论。本节以公共外交理论分析为基础，结合"一带一路"倡议现实语境，为"一带一路"新媒体公共外交实践研究提供理论依据。

新媒体语境下的"一带一路"公共外交的研究，既可以对"一带一路"公共外交的现状进行分析，又可以对未来"一带一路"新媒体公共外交的规划进行实践探索。

一、渠道多元：新媒体公共外交的形成

学界普遍认为"公共外交"一词由美国学者埃德蒙·格里恩于 1965 年提出，他认为公共外交旨在处理公众态度对政府外交政策的形成和实施所产生的影响，超越了传统外交，包含国际关系的多个维度：一国政府对他国公众舆论的培养与引导、两国利益集团之间的互动、对外事务的报道及其在政策上的影响、外交使节与驻外记者等传播工作者之间的沟通、跨文化交流等。这一概念实际上是对传统的政府外交概念的延伸和扩展，埃德蒙·格里恩的"公共外交"概念包含着政府外交，要求在政府的指导下开展"公众舆论引导"和"跨文化交流"，其主体内容依然是政府外交。

1981 年，德国著名哲学家哈贝马斯出版了《交往行为理论》，提出沟通理性的概念，从社会现实和哲理探析的角度对公共外交进行了理论上的深度剖析。随着哈贝马斯的交往行动理论在全世界学术界的影响越来越大，公共外交的研究也越来越引起学者的关注，公共外交概念的内涵进一步发展和丰富。美国的《国际关系术语词典》中对"公共外交"一词的解释是："由政府发起交流项目，利用电台等信息传播手段，了解、获悉和影响其他国家的舆论，减少其他国家政府和民众对美国产生错误观念，避免引起关系复杂化，提高美国在国外公众中的形象和影响力，进而增加美国国家利益的活动。"这个概念就比较重视媒体在公共外交中的作用，重视与国外公众的交流过程。随着"非正式性"和"小团体化"的跨国公

民组织兴起，托尼·麦克格鲁甚至提出了"公民外交"的概念，即以跨国公民交往为目标，促进公民之间的交流合作，建构一个基本的跨国公民社会。

由于公民外交在公共外交的地位和重要性越来越凸显，许多学者对公共外交的对象和活动形式进行了更为广泛的研究。日本学者金子将史和北野充认为，为了加深对本国的理解，公共外交的对象"不仅仅是对象国的个人及组织，第三国的个人与组织"都包含在其中。俄罗斯学者亚·弗·卢金认为公共外交的主要参与者是非政府组织，一方面是通过非政府组织来"推进国家政策"，另一方面是通过非政府组织"实现与别国公民社会的直接联系"。政府在公共外交中不起直接作用，起直接作用的是两国之间的非政府组织或公民个人的直接交往，开展相互之间的交流活动。

原国务院新闻办主任赵启正对公共外交有比较深入的研究和阐述，他也认为公共外交的主体"更多的是非政府，如民间团体、大学、研究机构、媒体以及国内外有影响的人士"，他们往往能发挥政府无法替代的外交作用。赵启正特别指出了公共外交与政府外交之间存在联系，二者不是包含关系，而是平等关系。

传统的政府外交所涉及的对象固定，范围比较狭窄，而公共外交的对象非常广泛，活动的空间非常广阔，特别是民众与民众、民众与政府之间的公共外交发挥着越来越重要的作用，公共外交逐渐从边缘走向中心。一些中国学者不约而同地指出，中国外交要从"以国家为中心"转变到"以公民为中心"，将个体的人搭建起来，"以人为本，外交为民"。随着全球化步伐的加快，中国公众、企业、非政府组织的跨国交流机会增多，外交主体不再局限于政府机构，普通公民的交流活动逐渐成为新的主体。

许多学者都认识到，公共外交与媒体的联系十分紧密。公共外交的目的是向外国公众宣传本国，因此，借助媒体来实现宣传目标是各国常见的做法。西方常用"Media Diplomacy"这个词来表达公共外交的意图，翻译过来就是"媒体外交"的意思。世界各国通过媒体传播宣传本国的形象和外交政策，因此各国媒体之间的沟通与互动就显得特别重要，这就是"媒体外交"的力量。社会大众是公共外交的主体，因此媒体的作用十分关键。赵可金认为，公共外交"通过传播、公关、媒体等手段与国外公众进行双向交流"，更好地塑造国家形象，从而达到"提高本国知名度、美誉度和认同度"的目的。公共外交的主要目标是本国与外国公众之间的信息沟通，实现的途径主要是传播媒介，这恰恰是公共外交不同于传统外交的特点。

20世纪以来媒体不断发展变化，既改变了世界的发展面貌，也推动着公共外交的前进步伐。随着全球信息技术的飞速发展，公共外交的行动主体更加多元化，传播媒介逐渐从报刊、广播、电影、电视等传统媒体，发展到以互联网和数字技术为传播载体的新媒体。新媒体在公共外交中的作用因各国公众的喜好而显得越发重要。

今天的新媒体是在数字技术和互联网诞生后出现的媒体，目前，许多学者都在研究新媒体，并从不同的角度来定义新媒体。有学者认为，"新媒体是一种流动的、个体互动的、能够散布控制和自由的媒体，尽管新媒体高度依赖于计算机，但它并不仅仅是数字媒体，在更大程度上，新媒体是一种互动性的媒体"。还有学者认为，"新媒体指的是以互联网、移动终端为基础，通过计算机、手机等传播媒介加以传播信息的形式"。综合来看，新媒体是基于数字技术和互联网为基础的各种新兴媒体形式的总称，比如计算机网络、电脑、手机、数字电视、社交平台等。与传统媒体相比，新媒体时代的主要特征有数字传播、网络传播和全球传播三个方面。新媒体的使用人群主要是普通民众，他们积极参与互动，相互生产和传播信息，形成民主化的创作、出版和信息消费。

新媒体的发展为公共外交提供了新的可能性，新媒体与公共外交的日趋融合催生了新媒体公共外交，为公共外交提供了更多的媒体传播手段。新媒体公共外交是指在信息时代条件下，"利用互联网技术和网络平台而开展的对外交往、对外宣传和外交参与等活动"。实际上，"新媒体公共外交的技术基础是 Web 2.0 网络，传播形态是数字化传播，传播对象是他国公众，因此，有些学者把它称为"公共外交2.0"或"基于互联网的公共外交"，也有学者直接把新媒体公共外交称为"Web2.0外交"，以便更好地与传统媒体的公共外交相区别。在Web2.0技术支持下，微信、微博、Wiki、Facebook、Twitter、YouTube 等社交平台日益成为各国公众信息交流的重要渠道。宋黎磊和卞清总结了新媒体公共外交的四大特征：目标人群的定位更为鲜明；沟通方式具有即时性和双向性；信息传播内容强调原创性与相关性；沟通目标从告知转为影响。这些特征很好地解释了新媒体公共外交受到各国公众欢迎的内在原因，外交行为从官方走向了民间，从被动走向了主动。

尽管新媒体公共外交在理论上有诸多构想，但在实践中也面临着不少困境。公共外交研究专家马修·沃林指出："使用互联网和社交媒体以实现政府公共外交的目的可能比许多实践者预测得更加困难。"

二、民众作用："一带一路"倡议下新媒体公共外交的理论思考

把新媒体公共外交引入到"一带一路"倡议之中，实际上是对传统公共外交理论的进一步发展和补充。"一带一路"倡议是由中国政府主导并提出来的，是一种非正式性的"意愿者联盟"，各国之间在相互理解、相互尊重、合作共赢的基础上建立起友好联盟。"这一联盟并非是正式性的政治经济军事同盟，不具有压迫权力和强制力，同时鼓励自下而上的'公私合作伙伴关系'。"因此，"一带一路"沿线国家公共外交不能照搬西方国家的公共外交模式，而应当建立符合沿线国家人民共同利益和价值观念的新机制。"一带一路"新媒体公共外交的机制应当相互尊重、彼此了解、增强认同，对各国经济和文化发展起到促进作用。

"一带一路"沿线 60 多个国家，44 亿人口，包括中亚、西亚、南亚、东南亚、非洲、中东欧国家，各国之间的交流越来越频繁，合作事项越来越多。《推动共建丝绸之路经济带和 21 世纪海上丝绸之路的愿景与行动》强调：广泛开展文化交流、学术往来、人才交流合作、媒体合作、青年和妇女交往、志愿者服务等，为深化双多边合作奠定坚实的民意基础。由此可见，媒体合作在"一带一路"国家开展公共外交具有重要的意义。全国人大常委会副委员长王晨在 2016 年"一带一路"媒体合作论坛上指出，媒体要做"一带一路"上的"行者""歌者"和"使者"，以便传承丝路精神，讲好丝路故事，进一步加强文化交流，增加相互了解。有学者总结，媒体公共外交在"一带一路"中的传播策略有三种方式：吸引外媒的关注、走出去主动宣传、中外媒体合作传播。无论哪种传播方式，媒体公共外交都有利于"一带一路"沿线国家人民了解彼此文化，增强文化认同，加深相知互信，有利于进一步推动经济发展合作，构建战略伙伴关系。

新媒体是一种非常快捷且方便的传播媒介，对开展和扩大公共外交而言具有传统媒体不可比拟的巨大优势，为"一带一路"沿线国家民众之间、民众与政府之间搭建了多层次的沟通平台。首先，"一带一路"国家重视互联网建设，新媒体技术也十分成熟。比如，卡塔尔通讯社建立了世界上首个社会化新闻网站 Qatar Maydan，俄罗斯设有 CTC 电视网、THT 电视网等各种新媒体电视网站，塞尔维亚也拥有大量的互联网媒体。其次，"一带一路"沿线国家接触新媒体的人群越来越多，特别是年轻人，逐渐舍弃了传统的纸质书本和报纸。最后，新媒体传播载体在"一带一路"国家普及化程度高。"一带一路"沿线国家虽然经济发展不平衡，但手机用户却呈现快速增长趋势，手机备受"一带一路"沿线国家人民的热捧。因此，新媒体公共外交在"一带一路"沿线国家更为丰富和有效。有学者指出，在"一带一路"沿线开展新媒体公共外交应坚持几个原则：互相尊重原则、多种文化并存原则、新技术传播原则，"在新媒体环境下，一带一路沿线文化的传播模式，应当坚持以互相交汇性传播模式为主，选择吸附性传播模式和优势扩散性模式等多种模式并存的原则"。因此，在新媒体公共外交中，"一带一路"沿线国家应当坚持运用新媒体和新技术引领公共外交，让"一带一路"公共外交搭乘新媒体的快速列车驶向更远的地方。

对于"一带一路"沿线国家而言，新媒体公共外交和政府外交是互补关系，不是相互对立的关系。"一带一路"沿线国家的政府外交依然处于"主导性信源"的地位，新媒体公共外交使各国民众之间的沟通渠道变得更加多元。这就要求"一带一路"沿线国家既要重视政府外交，也要重视新媒体公共外交，加强政府和民众之间的全方位沟通，防止噪声干扰"一带一路"合作步伐。

如果没有新媒体传播，则中国政府与"一带一路"国家政府之间的沟通渠道有限，互动交往主要停留在政府外交层面，中国民众与"一带一路"国家民众之间的交流很难实现。新媒体出现后，公共外交变得丰富而多样，不但中国民众与"一带一路"国家民众之间可以开展新媒体公共外交，中国政府与"一带一路"国家民众、中国民众与"一带一路"国家政府之间也可以开展公共外交。当然，新媒体公共外交要在"一带一路"沿线国家有效开展，中国民众是起决定作用的关键因素。如果中国民众与中国政府之间是良好的合作关系，中国民众与"一带一路"

国家民众之间就可以开展正面积极的新媒体公共外交。

三、民心相通："一带一路"新媒体公共外交的实践目标

在"一带一路"建设背景下,民众在新媒体公共外交中发挥着非常重要的作用,"一带一路"倡议实施的最终目标是沿线国家民众之间的民心相通。实际上,公共外交并不存在所谓的全球性公民社会,也不存在脱离政府体制的民心相通,因此"一带一路"的新媒体公共外交不可能完全抛弃政府的主导作用。

要做好"一带一路"新媒体公共外交,"一带一路"沿线国家政府必须制定好顶层设计。中国政府与"一带一路"国家之间的交往虽然属于政府外交,且政府外交不能代替公共外交,但是公共外交必须在各国政府的指导和引领下进行,必须符合国家的整体利益。无论是"一带"还是"一路",新媒体公共外交的绝对自由交往还只是理论上的可能性,中国民众与"一带一路"国家民众之间不存在脱离政府之外的交流组织,更不存在脱离国家体制之外的新媒体。"一带一路"沿线国家民众之间展开的新媒体公共外交要以政府为指导,有计划地合作交流,逐渐达到自由交往的目的。有学者把公共外交分为合作性公共外交、竞争性公共外交、常态公共外交、危及公共外交等四种类型。这四种类型具有顶层设计的价值,在"一带一路"新媒体公共外交中具有指导作用。在合作性公共外交方面,"一带一路"沿线国家要考虑新媒体公共外交的可行性,要针对不同的语言文化背景,制定差异性的新媒体公共外交规划方案。在竞争性公共外交方面,以"和合共生"的理念应对好"一带一路"新媒体公共外交的各种挑战。在常态公共外交方面,应做好"一带一路"国家民众之间新媒体交往差异化的传播策略。在危及公共外交方面,应努力提升中国民众在"一带一路"新媒体公共外交上的国际舆论引导力,提升新媒体舆论公关能力。

目前,中国政府在"一带一路"新媒体公共外交的顶层设计方面发挥了重要作用。新华网、人民网和中国网等门户网站向"一带一路"沿线国家开设了中、英、法、俄等多语言版本,以多语言方式报道中国以及"一带一路"相关的新闻。与此同时,新华社以统一账号"New China"向海外开通社交媒体官方平台全天候推送与中国有关的新闻。不过,"一带一路"国家经济发展水平并不平衡。"一带"

沿线国家主要以哈萨克斯坦、吉尔吉斯斯坦、乌兹别克斯坦、塔吉克斯坦等中亚国家为主，这些国家无论是传统媒体还是新媒体都发展不平衡，国家政府在新媒体公共外交中发挥重要且强势的作用。在国家顶层设计之下，中国政府应加强与"一带"沿线国家在新媒体技术建设方面的合作，为新媒体公共外交奠定技术基础，为新媒体合作的良好运行发挥主导作用。"一路"沿线国家主要是东南亚、南亚和中东海湾国家，互联网比较发达，因此新媒体公共外交更容易实现，中国政府与"一路"国家政府之间在新媒体合作方面的顶层设计更加便捷。中国新华社与卡塔尔卫视早在20世纪90年代就建立了新闻资源共享的合作关系。2008年，中国与东盟签订了《中国与东盟新闻媒体合作谅解备忘录》，双方在媒体交流、新闻合作、节目制作、网络信息等方面进行了具体安排，为中国与东盟国家进一步加强新媒体公共外交合作打下了坚实的基础。新加坡、泰国、印度尼西亚等东盟国家普遍开设了中国普通话频道。越南数字技术电视台开辟了《中国剧场》栏目，实现了广西卫视在越南全境播出。

新媒体公共外交的主要对象是各国民众，"一带一路"国家要实现新媒体公共外交，就要在中国民众和"一带一路"国家民众之间消除障碍。"一带一路"沿线国家民众之间要消除新媒体交流技术障碍、语言交流障碍、跨文化交流障碍，促进各国民众之间"多对多"的交流与合作。在全球化与媒体的双重转型之际，"一带一路"沿线国家政府应该充分利用新媒体传播，为各国民众之间的沟通交流提供更加便利的条件，按照求同存异、相互尊重、合作共赢的理念，尽快建立"一带一路"沿线国家新媒体公共外交新机制，扩大"一带一路"新媒体融合平台，消除各国民众之间的新媒体交流壁垒，使"一带一路"沿线国家的民众在新媒体平台上成为相熟相知的朋友。

对于"一带一路"新媒体公共外交，外交部部长王毅曾以"朋友圈"来进行比喻："中国的'朋友圈'越来越大，我们的好朋友、好伙伴越来越多。"通过新媒体公共外交，中国民众与"一带一路"国家民众逐渐消除各种障碍，最终实现各国民众在"朋友圈"的民心相通。印度写作网总裁指出："媒体间沟通合作是人文交流的一个重要方面，将有助于整体上推进一带一路建设。"

四、政府引导：新媒体公共外交在"一带一路"实践的舆论保证

在理论上，新媒体公共外交对于民心相通有着重要的作用，但在现实实践中，新媒体本身的"双刃剑"效应也会带来巨大的负能量。

因此，要在"一带一路"沿线国家开展新媒体公共外交，政府的顶层设计就显得尤为重要，只有强化中国与"一带一路"沿线国家之间顶层设计，相互协同配合，才能在新媒体公共外交中形成正面的舆论合力。

第一，加强官方网络媒体建设，做好"一带一路"沿线国家的舆论引导。目前，中国许多主流网站可以进行多语言页面转换，方便国外公众通过新媒体网站了解中国的发展现状，这对于中国形象的国际传播具有非常好的效果。但是，在"一带一路"沿线国家的新闻报道上还不能满足所有国家的信息需求。中国一些官方网站应该加大采用"一带一路"沿线国家的语言进行新闻报道的力度，以便沿线国家民众容易理解和接受。同时，中国还要加强针对"一带一路"沿线国家的视频网站建设。中央电视台虽然开通了英语、法语、俄语、西班牙语、阿拉伯语等多语种频道，但毕竟不能等同于多语种的视频网站。中国国际广播电台、国际在线以及地方电视台，应加大针对"一带一路"沿线国家进行多语种的网站建设，做到及时有效地传达信息。

第二，利用社交媒体平台，培养政府意见领袖。各国政府都非常重视利用社交媒体平台，传播国家形象，拉近与所在国民众的距离。例如当微博出现时，德国驻华大使馆开通了新浪微博，当微信被广泛使用时，美国驻华大使馆开通了微信公众号。英国前首相卡梅伦在2013年12月访华前夕，突击开设微博账户，并发微博预报其即将访华，在十几分钟内就引起超过1万条的评论。英国驻华使馆微博随机转发并广播："大！Boss！来！微！博！了！"在卡梅伦访华期间，"英国首相"微博账户发布了9条图文并茂的消息，转发、评论超过15万次。

目前，很多国家领导人为了树立自身形象，都在社交媒体上注册了自己的账号，如美国总统特朗普、俄罗斯总统普京都有自己的社交媒体账号。胡范铸认为："国际意见领袖的缺位依然是中国国家形象修辞中的一大软肋"。在实施"一带一路"

倡议中，中国政府应该有意识培养网络意见领袖，可以鼓励中国离休国家领导人、国际上有影响力的科学家、非政府组织的重要领导人、世界上有影响力的公众人物开通国际通用社交媒体账号，发布有关中国的最新资讯，正确引导"一带一路"沿线国家民众，传播中国与"一带一路"国家的友好、友善关系。

第三，重视对新媒体信息的控制，掌握"一带一路"沿线国家舆论导向。随着新媒体技术的迅速发展，各国政府都十分重视发挥 Web2.0 技术对信息控制的重要作用。奥巴马任美国总统时，按照"沟通、透明、参与"三原则改版了白宫网站，大多数情况下都会直播其在世界各地的演讲视频，并且增设了 Facebook、YouTube、Twitter、Google Map 的链接。美国有 25 个政府部门登陆了 YouTube 视频网，有 30 多个联邦机构加入了 Facebook，美国国会图书馆也在图片分享网站 Flickr 上传了历史照片，供国内外社会公众浏览。美国政府借助新兴信息传播媒介，将公共外交延至更为深入和广阔的领域。

中国政府在推行"一带一路"倡议的过程中，可以借鉴美国政府的做法，加强政府部门的网站与"一带一路"沿线国家的网络联系，做好相互之间的交流与沟通，随时掌握舆论动态，减少相互间的误会与摩擦，确保"一带一路"倡议的顺利推进。

第四，转变单向宣传的传播观念，加强与"一带一路"沿线国家民众的互动交流。在"一带一路"沿线国家实施新媒体公共外交时，我们必须认识到国内外受众的区别，转变以单向灌输为主的宣传模式，做到与受众之间平等沟通。正如有学者所说："要使我们的国际传播贴近中国和世界发展的实际、贴近国外受众对中国信息的需求、贴近国外受众的思维习惯，从内容到形式都为国外受众所喜闻乐见，并在尽可能大的程度上取得效果，必须研究和掌握国际传播的特点、原则和规律。"

从某种程度上说，新媒体公共外交是一种新型的"公民外交"，一种新型的"人民外交"，是大众传播和人际传播相结合的新型公共外交，各国民众之间能够在新媒体平台上信息互动，双向交流，加深相互之间的沟通和理解。新媒体平台成本低廉，民众参与广泛，因此，"一带一路"沿线国家广泛利用新媒体开展公共外交，将有助于传统公共外交工作的重心从上层逐渐转移到尽可能多的普通民众，在指尖上顺利完成公共外交。从表面上看,新媒体公共外交的重心是各国民众利用新媒体平台进行互动交流,实际上,这种互动交流也是国家与国家之间的对话,还是不同民族文化、不同生活方式之间的相互交流,在一次次新媒体公共外交的实践中,使"一带一路"倡议得以顺利开展和实施。

五、平稳推动"一带一路"新媒体公共外交

采用新媒体推动公共外交是新时代的客观要求,在"一带一路"沿线国家开展新媒体公共外交,是一项贯穿亚欧非大陆、惠及几十亿民众"朋友圈"的宏伟计划。但是,要平稳推动"一带一路"新媒体公共外交并非易事。蒋翊民指出:"新媒体的推广客观上改变了国家间信息流动的方式,导致国家间互动渠道多元化、复杂化,增加了公共外交的不确定性。更为重要的是,新媒体手段扩展了国家间互动渠道,促进了不同社会间的互动,政府公共外交因此受到影响,公共外交内向维度的重要性逐渐凸显。"对"一带一路"沿线国家而言,由于社会文化多元化,各国民风民俗差异很大,各种言论和思想并存,新媒体公共外交正面舆论和负面舆论同时并存,这给"一带一路"国家政府对新媒体公共外交的有效管理增加了难度。

"一带一路"是中国发起的倡议,新媒体传播技术的发展已势不可挡,因此,在"一带一路"沿线国家开展新媒体公共外交是中国政府当前外交工作的重点之一。党的十八大报告指出:我们将扎实推进公共外交和人文交流,维护我国海外合法权益。在新媒体时代,我们既不能因为信息流动可能带来的负面影响而切断中国民众与"一带一路"国家民众之间的互联网自由交流,也不能对新媒体传播的自由完全放任不管,否则将不利于新媒体公共外交的有效实施。新媒体公共外交是一个综合整体,中国政府既要敢于在中国民众和"一带一路"国家民众之间架设新媒体自由沟通的桥梁,为各国民众的新媒体交流提供便利条件,又要做好新媒体信息传播的监管和引导,建立负面信息传播的应急应变机制。如果说"民心相通"是"一带一路"国家之间交往的最终目的,那么新媒体公共外交就是最好的渠道,中国政府和"一带一路"沿线国家政府只要做好了顶层设计,新媒体公共外交就会平稳地走向一个新高度。

参考文献

[1] 王玉珠.新媒体时代地方政府的舆论引导策略 [J].新闻爱好者，2010(16).

[2] 刘艳，肖峰.传媒和政府借助新媒体平台的互动策略 [J].东南传媒，2010
（5）.

[3] 邓备，胡凯.政府网站在舆论引导中的作用 [J].新闻爱好者，2009(2).

[4] 郑婧伶，徐炳全.浅议政务微博对舆论场的引导 [J].传媒，2013(2).

[5] 彭兰.网络传播概论 [M].北京：中国人民大学出版社，2012.

[6] 张蕊，洪金梅.政务微博在舆论引导中的作用 [J].新闻世界，2012(2).

[7] 郭庆光.传播学教程 [M].北京：中国人民大学出版社，2001.

[8] 师文静.网络传播中"沉默的螺旋"理论分析 [J].青年记者，2009(5).

[9] 刘海龙.沉默的螺旋是否会在互联网上消失 [J].国际新闻界，2001(5).

[10] 李良荣，张媛.新老媒体结合，造就舆论新格局 [J].国际新闻界，2008(7).

[11] 任景华.关于突发事件应对中新媒体舆论引导的思考 [J].湖北社会科学，
2012(9).

[12] 赵大伟.互联网思维 [M].北京：机械工业出版社，2014.

[13] 张少元.论新媒体对当前舆论监督格局的影响与变革 [J].新闻知识，2010
（11）.

[14] 吴敏.提升新媒体舆论引导能力的思考 [J].东南学术，2011(5).

[15] 陈力丹.舆论学——舆论导向研究 [M].北京：中国广播电视出版社，
2005.

[16] 许静.舆论学概论 [M].北京：北京大学出版社，2011.

[17] 申金霞.自媒体时代的公民新闻 [M].北京：中国广播出版社，2013.

[18] 王来华.舆情研究概论 [M].天津：天津社会科学院出版社，2013.

[19] 唐绪军. 中国新媒体发展报告 [M]. 北京：社会科学文献出版社，2015.

[20] 喻国民，欧亚，张佰明，王斌. 微博：一种新传播形态的考察 [M]. 北京：人民日报出版社，2011.

[21] 李强，刘强. 互联网与转型中国 [M]. 北京：社会科学文献出版社，2014.

[22] 诺曼·费尔克拉夫. 话语与社会变迁 [M]. 殷晓蓉，译. 北京：华夏出版社，2003.